Rudolf Kring

Friedhelm Kring

Schnecken

Ursachen und Bekämpfung der Schneckenplage

Kring, Rudolf; Kring, Dr. Friedhelm
Schnecken - Ursachen und Bekämpfung der Schneckenplage

1. Auflage 2001
2. überarbeitete und erweiterte Auflage 2006
3. Auflage 2010

ERF Verlag Südtirol ISBN 88-88259-54-6
Best.-Nr. 312.075.167

Umschlaggestaltung: ERF Studio Südtirol
Lektorat: Viola Oberrauch
Bildnachweise S. 111

Gesamtherstellung:
ERF Verlag Südtirol

Druck und Herstellung
Union-Druckerei, I-39012 Meran

Printed in Italy 2010

Inhalt

Vorwort zur zweiten Auflage

Ende der 90er Jahre bat mich mein Vater, seine Beobachtungen und Erfahrungen zum Schneckenproblem auf einigen DIN A4-Seiten zusammenzustellen. In seinen Gartenbau-Seminaren hatte sich das Thema Nacktschnecken in den Fragerunden häufig als eines der größten und lästigsten Ärgernisse bei vielen Freizeitgärtnern herausgestellt. Mit einigen Tipps und Ratschlägen auf ein paar kopierten Blättern wollten wir betroffenen Gartenbesitzern weiterhelfen.

Als ich mich in die Materie einarbeitete, stellte ich bald fest, dass ein wenig Wissen um die Lebensweise und Biologie dieser Weichtiere ein Verständnis der Bekämpfungsmöglichkeiten erleichtert. Beim Blick über den Gartenzaun hinaus zeigte sich außerdem eine Fülle von hochinteressanten Bezügen der Schnecken zur Kulturgeschichte der Menschheit. Von der Steinzeit bis zur Weltraumforschung stieß ich immer wieder auf allerlei Wissenswertes zum Thema Schnecken.

Gleichzeitig hatten wir begonnen, das Leben der Schnecken auch mit Fotos festzuhalten, so dass sich bald zeigte, dass all diese Informationen nicht mehr auf einigen wenigen Blatt Papier unterzubringen waren. So entstand die Idee zu unserem Schneckenratgeber, der im Frühling 2001 im Eigenverlag erschien.

Das Büchlein verbreitete sich langsam, aber stetig und von regionalen Tageszeitungen bis zur BILD-Zeitung bat man uns um Interviews und Gartentipps. Durch Presse und Internet kam es zu vielen neuen Kontakten, Gesprächen, weiteren Tipps, auch Korrekturen und Ergänzungen. Gleichzeitig erschienen in den letzten Jahren Forschungsberichte über neue Bekämpfungsmöglichkeiten.

Daher haben wir uns entschlossen, unser Buch zu überarbeiten und in einer neuen Gestaltung und mit deutlich erweitertem Inhalt in einer zweiten Auflage im ERF Verlag Südtirol herauszugeben.

Wir bedanken uns bei allen, die zum Gelingen dieses Werks beigetragen haben: Frau Lena Franke für die sorgfältigen Zeichnungen, Schneckenexperte Stefan Werner vom Limnologischen Institut der Universität Konstanz für die kritische Durchsicht des Manuskripts, darüber hinaus Herrn Peter Leonhardt, Herrn Dr. Josef Ramsauer und Herrn Wilhelm Depner, die uns faszinierende Fotos zur Verfügung stellten, ebenso wie die Firmen Beckmann und Krämer (*s. Verzeichnis der Fotos und Abbildungen*).

Für Anregungen und Korrekturen sind wir vielen Menschen zu Dank verpflichtet, stellvertretend genannt seien Frau Dr. Barbara Lederer, Herr Markus Kollhoff, Herr Robert Nordsiek, Herr Erich Preymann, Herr Bruno Stubenrauch und Frau Antje Voigt.

Zum Schluss danke ich allen Lesern der ersten Auflage, allen Freunden und Bekannten, allen Seminarbesuchern, Profi- und Hobbygärtnern, E-Mail-Schreibern, Biologen, Laufentenzüchtern, Naturschützern, Schneckenfreunden und Schneckenhassern, die uns in den letzten Jahren durch Hinweise, Gespräche, Fragen und ihre eigenen Erfahrungen mit der Schneckenplage auf neue Aspekte aufmerksam gemacht haben. Viele dieser Anregungen sind in das vorliegende Buch eingeflossen.

Konstanz, im Dezember 2005

Dr. Friedhelm Kring

Schnecken und ihre Lebensweise

Um die Ursachen der Schneckenplage zu verstehen und geeignete Maßnahmen zur Schneckenbekämpfung auszuwählen, ist es hilfreich, sich zunächst ein wenig mit der Biologie und dem Verhalten von Schnecken zu befassen. Auch wenn Schnecken heute vielfach in erster Linie als eklige und gefräßige Gartenschädlinge angesehen werden, so sind es doch bei genauer Betrachtung Lebewesen mit interessanten Merkmalen und Verhaltensweisen. Nur wenn man die Lebensweise der Schnecken kennt, kann man sie durch angepasste Abwehrmaßnahmen auch ohne den Einsatz von Giftstoffen erfolgreich bekämpfen und ihnen das Leben bzw. das Fressen schwer machen.

> In Europa gibt es etwa 1.900 Arten von Schnecken, davon gilt höchstens ein Dutzend als Schädling.

Es entspricht einer zu einfachen Sichtweise, die Tierwelt in Schädlinge und Nützlinge einzuteilen. Auch wenn solche Begriffe in dem vorliegenden Buch benutzt werden, so gilt diese Einteilung doch nur aus der Sicht des Menschen. Die Natur kennt diese Kategorien nicht. Das Zusammenspiel von Tieren und Pflanzen mit all ihren Lebensbedingungen in ihrer Umwelt ist äußerst komplex und in vielen Details noch unverstanden.

Weichtiere

Biologen zählen die Schnecken zum Stamm der *Mollusken* oder Weichtiere. Sie bilden nach den *Gliederfüßlern* (Insekten, Krebse, Spinnen) den zweitgrößten Stamm im Tierreich. Größe meint hier nicht die Körpergröße oder die Anzahl der Einzeltiere, sondern die Anzahl der unterschiedlichen Arten.

Weichtiere sind *nichtsegmentierte* und *wirbellose* Tiere. *Nichtsegmentiert* bedeutet, dass der weiche Körper nicht durch Ringe gegliedert ist. Deshalb gehört z. B. der Regenwurm nicht zu den

Weichtieren. Er besitzt zwar auch einen weichen Körper, dieser ist jedoch in ringförmige Abschnitte unterteilt. *Wirbellos* bedeutet, dass die Weichtiere kein inneres Skelett ausbilden.

Weltweit zählt man heute etwa **130.000 Weichtierarten**. Dazu gehören Muscheln und Schnecken, aber auch die Tintenfische. Die größten Muscheln wie die tropische Mördermuschel erreichen eine Länge von 1,5 m und wiegen mehr als 400 kg, die kleinsten Schnecken sind kaum einen Millimeter groß. Selbst im dicht besiedelten Europa werden immer wieder neue Schneckenarten entdeckt *(s. u.)*.

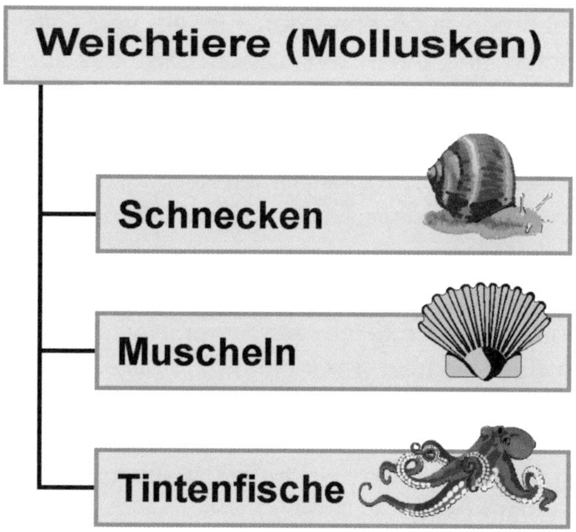

Schnecken und ihre Verwandten

Weichtiere sind äußerst vielgestaltig: es gibt festsitzende Muscheln, langsam gleitende Schnecken, elegant im Meer flatternde ‚Seeschmetterlinge' und flinke Kalmare. Weichtiere leben in allen Meeren der Welt – viele Schneckenarten können schwimmen – und sind auch auf dem Land weit verbreitet. Einige Arten leben in 5.000 m Tiefe auf dem Boden des Ozeans, andere in 5.000 m Höhe im Himalajagebirge. Manche Weichtiere leben in heißen Quellen, andere überstehen den Winter eingefroren in der Eisdecke.

Viele Weichtiere tragen schützende **Kalkschalen**, an denen Biologen Gattung und Art bestimmen können. Während der weiche Körper nach dem Tod der Tiere schnell verwest, bleiben Muschelschalen, Schneckengehäuse oder Kalkschalen von Tintenfischen oft lange erhalten und finden sich manchmal noch Jahrtausende später als Versteinerungen wieder. Eine Schicht im Trias zwischen Buntsandstein und Keuper nennt man **Muschelkalk**, da die Gehäuse und Schalen von Weichtieren (insbesondere muschelähnlichen Armfüßlern) das Gestein gebildet haben. Bekannt ist der Muschelkalk auch durch zahlreiche Arten von Ammoniten, die mit den heute noch vorkommenden Tintenfischen verwandt sind.

Das größte heute lebende wirbellose Tier ist der zu den Weichtieren zählende Riesenkalmar, ein Tintenfisch mit einer Körperlänge (einschließlich der Fangarme) von bis zu 30 m und einem Gewicht von 2.000 kg.

Von vielen Weichtieren hat man schon in früheren Zeiten die Gehäuse gesammelt. Besonders schöne oder interessante Exemplare von Schneckenhäusern oder Muschelschalen wurden in Kuriositätenkabinetten und Naturmuseen ausgestellt, ohne dass man viel über das Leben der ehemaligen Bewohner wusste. Insbesondere die bizarren Gehäuse tropischer Schnecken und Muscheln sind bis heute begehrte Sammelstücke.

Der Schiffsbohrmuschel dient ihre Schale als Bohrorgan, mit dem sich dieser ‚Unterwasser-Holzwurm' in das Holz von Schiffsrümpfen oder Hafenanlagen bohrt und große Schäden anrichten kann.

Der Körper der Weichtiere besteht aus Fuß, Kopf, Eingeweidesack und Mantel. Der muskulöse Fuß hat unterschiedliche Funktionen: Bei vielen Muscheln dient er zum Eingraben in den Meeresboden, bei Tintenfischen dagegen zur Fortbewegung nach dem Rückstoßprinzip. In der Mantelhöhle befinden sich bei den Wassermollusken die Kiemen und hier mündet auch das Ausscheidungssystem.

Bei den meisten Weichtieren gibt es getrennte Geschlechter, manche Arten sind zwitterig (beidgeschlechtlich), andere (z. B. die Austern) können ihr Geschlecht mehrmals im Leben wechseln.

Da viele Weichtiere empfindlich auf chemische Stoffe reagieren und diese in ihrem Körpergewebe anreichern, gelten sie als Bio-Indikatoren für die Belastung der Umwelt mit Schadstoffen. So konnte man z. B. das zur Bekämpfung des Malariaüberträgers eingesetzte Insektengift DDT in den 70er Jahren des letzten Jahrhunderts häufig in Schnecken nachweisen.

Biologie der Schnecken

Schnecken (*lat.* Gastropoda, d. h. Bauchfüßer) besiedeln mit etwa 100.000 Arten die verschiedensten Lebensräume in Meeren und Süßgewässern und sind die einzigen Weichtiere, die auch an Land leben. Von weniger als 1 mm kleinen und mit bloßem Auge kaum sichtbaren Arten bis zu Exemplaren von 60 cm Größe zeigen diese auf den ersten Blick wenig beeindruckenden Lebewesen eine **große Artenvielfalt**, die im gesamten Tierreich nur von den Insekten übertroffen wird.

> Es ist kaum zu glauben, aber es gibt auf der Erde wesentlich mehr unterschiedliche Schneckenarten als alle Wirbeltierarten (Säugetiere, Vögel, Fische usw.) zusammen.

Den Bauplan der Schnecken – so nennt der Biologe die Grundmerkmale des Körpers und seiner Funktionsweisen – kann man durchaus als ein Erfolgsmodell bezeichnen. Die Gastropoda haben längst ausgestorbene Formen wie die Dinosaurier überlebt und ganz verschiedenartige Lebensräume erobert. Man findet Schnecken im Regenwald und in der Wüste, auf Berggipfeln und in Ozeanen. Die meisten Schnecken tragen eine Schale, ihr Schneckenhaus, mit sich herum. Kann man sich einen praktischeren Schutz vor Feinden vorstellen?

Der Ursprung des Wortes ‚Schnecke' wird auf einen germanischen Begriff für ‚kriechen' zurückgeführt, eine Schnecke ist von der Wortbedeutung her „eine Kriechende". Die Namen der einzelnen Schneckenarten weisen oft auf die vielerlei Formen und Farben der Gehäuse hin. Bezeichnungen wie ‚Bunter Kreisel', Davidsharfe, Ölkrug oder ‚Rote Wendeltreppe' lassen ihre Herkunft erahnen. Es ist sehr spannend, was einem so alles begegnet, wenn man sich mit den zunächst eher langweilig erscheinenden Kriechern beschäftigt:

Man stößt auf Nabelschnecken und Nadelschnecken, auf Kugelschnecken und Kreiselschnecken, Grasschnecken und Glasschnecken, Wurmschnecken und Käferschnecken, Strandschnecken und Landschnecken, Sumpfschnecken und Stumpfschnecken, Quellenschnecken und Höhlenschnecken, Mondschnecken und Sternschnecken, Kegelschnecken und Napfschnecken. Damit nicht genug, Biologen kennen dazu noch Turmschnecken und Treppenschnecken, Turban-, Hut- und Helmschnecken, Birnenschnecken und Olivenschnecken, Steinschnecken und Schlammschnecken, Laubschnecken und Strauchschnecken, Giftzüngler und Schlitzhörner, Riesenschnecken und Zwergschnecken, Buntschnecken, Bernsteinschnecken, Porzellanschnecken, Schwimmschnecken, Scheibenschnecken, Schnirkelschnecken, Glanzschnecken, Maskenschnecken, Pyramidenschnecken, Zebraschnecken, Fadenschnecken, Samtschnecken, Schirmschnecken, Ackerschnecken, Wegschnecken, Tellerschnecken, Fassschnecken, Getreideschnecken, Zitherschnecken, Spinnenkopf und Pantherschnecke. Weshalb gibt es so viele Bezeichnungen für Lebewesen, welche auf den ersten Blick uninteressant und wertlos erscheinen?

> Hätten Sie gewusst, dass Seehasen oder Seeschmetterlinge zu den Schnecken gehören?

Grzimeks Tierleben nennt unter Schnecken darüber hinaus Seeohren, Seehasen, Kielfüßer und Teufelskrallen, eine Papstkrone und eine Bischofsmütze, eine Berg-Vielfraßschnecke, eine ‚Arche Noah' und eine Art mit dem wundersamen Namen ‚Echte Verkehrtschnecke'. Doch kaum jemand kennt diese Tiere.

Kleine Sensation im Tessin: Wissenschaftler finden immer wieder neue Schneckenarten und nicht nur in entlegenen und unwirtlichen Gebieten der Erde, sondern im dicht besiedelten Mitteleuropa. Erst im April 2003 berichteten Biologen der Universität Basel von einer bis dahin unbekannten Schneckenart in der Schweiz. Die nur anderthalb Millimeter große Zwergdeckelschnecke hatten sie in frischem Quellwasser im Tessin entdeckt.

Körperbau der Schnecken

Der weiche und feuchte Körper der Schnecken ist in **Kopf, Fuß** und **Mantel** gegliedert. Am Kopf sitzen ein oder zwei Fühlerpaare, bisweilen auch Tentakel genannt. Am längeren Fühlerpaar liegen die Augen als kleine dunkle Punkte. Auch die Sinneszellen für die Wahrnehmung von Geruch liegen an den Fühlern. Bei Gefahr können die Tiere ihre Fühler einstülpen.

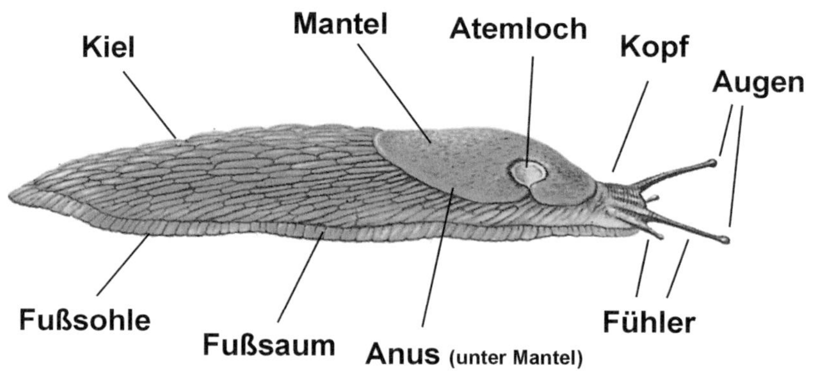

Körperbau einer Nacktschnecke

Schnecken können Geschmack, Geruch und Licht wahrnehmen. Auch wenn sie nicht so gut sehen wie wir Menschen, so können sie doch Hell-Dunkel unterscheiden und Bewegungen erkennen.

Der Mantel, auch Mantelschild genannt, ist eine gut durchblutete Hautregion, gewissermaßen die Lunge der Schnecke. Hier liegt auch die Atemöffnung. An der Position dieser Mantelöffnung, dem Kiel auf dem Fußrücken und dem Muster der Kriechsohle kann der Fachmann die einzelnen Nacktschneckenarten unterscheiden.

Der Fuß besteht aus einer Kriechsohle zur Fortbewegung. An der Unterseite dieser Sohle befinden sich Drüsen, die beim Kriechen ständig **Schleim** absondern. Dadurch haftet der Fuß auf der Unterlage, auch an steilen Wänden und sogar kopfüber. Außerdem passt sich dieser Bauchfuß allen Unebenheiten des Bodens an. Auf dem abgesonderten Schleim gleiten die Schnecken vorwärts. Auf trockenen oder saugfähigen Untergründen kommen die Schnecken nur langsam voran, da sie erst genügend Schleim produzieren müssen. Bei feuchtem Grund und einer hohen Luftfeuchtigkeit dagegen können die Tiere wesentlich aktiver sein. Der Schleim schützt die Tiere auch vor Feinden, wie z. B. Ameisen.

Eine Schnecke kriecht über eine Rasierklinge, ohne sich zu verletzen.

Wie geschickt und gleichzeitig kräftig der empfindliche Schneckenfuß ist, zeigt das Foto einer Schnecke, der es gelingt, unbeschadet über eine Rasierklinge zu kriechen. Dabei ist es hier weniger der Schleim selber, der das Tier vor Verletzungen bewahrt, sondern die

Beweglichkeit und Muskelkraft des Schneckenfußes, mit dem die Schnecke sich geschickt über die Klinge windet, ohne dass ihr volles Gewicht auf dem Metall lastet. (*Das Experiment wird ausdrücklich nicht zur Nachahmung empfohlen, da die Grenze zur Tierquälerei schnell überschritten werden kann.*)

Eine große Nacktschnecke kann in einer Nacht bis zu 25 m zurücklegen. Die zurückgebliebene Schleimspur am Boden oder an Pflanzen weist auf das Vorhandensein von Schnecken hin. In Aquarien und Teichen lassen sich sogar Schnecken beobachten, die an der Unterseite des Wasserspiegels entlangkriechen.

Nacktschnecke beim ‚Bungee-Jumping'

Mit Hilfe ihres Schleimes sind die auf den ersten Blick eher plump wirkenden Schnecken sogar zu regelrecht akrobatischen Aktionen fähig. Schnecken kriechen manchmal auf Bäume oder an Gebäuden herauf. Bisweilen ist ihnen das Herunterkriechen offenbar zu mühsam. Stattdessen lassen sich die Tiere – einem Zirkusartisten gleich – an dünnen Schleimfäden in eleganter Weise zum Boden herab. Solche „fliegenden“ Nacktschnecken wurden dabei an Schleimfäden von bis zu 2 m Länge beobachtet. Dies ist einem Menschen vergleichbar, der sich beim Bungee-Springen an einem Gummiseil von einer 200 m hohen Brücke stürzt. Bei einigen Arten der Gattung *Limax* lassen sich die Partner sogar bei der Paarung an einem Schleimfaden herunter und wickeln sich dann spiralig umeinander.

Der **Eingeweidesack** enthält die Organe (Darm, Magen, Herz, Niere, Leber, Keimdrüsen). Umgeben ist er mit einem Mantel aus einer dem Chitin der Krebse und Insekten chemisch verwandten organischen Substanz. Zusätzlich bilden viele Arten eine Kalkschale (das Schneckengehäuse), indem der Mantelrand Kalziumkarbonat (Kalk) abscheidet.

Diese **Kalkschale** der Schnecken wächst nicht ununterbrochen, sondern periodisch. Man kann dies häufig an den parallel zum Rand verlaufenden Zuwachsstreifen ablesen. Überzogen ist die Kalkschale von einer dünnen organischen Schutzschicht, dem so genannten Periostrakum, welche u. a. verhindert, dass die Kalkschale in sauren Gewässern angegriffen würde. Dieses Gehäuse schützt seinen Bewohner vor Austrocknung und vor Feinden. Bei Gefahr zieht sich die Schnecke mit Hilfe eines im Gehäuse festgewachsenen Muskels in das Gehäuseinnere zurück. Manche Schnecken bilden zusätzlich eine Art Deckel, um die Öffnung fest zu verschließen. Damit können die Tiere Trockenperioden überstehen und einige Arten überleben sogar in Wüstenregionen. Ähnliche Häuser gibt es im Tierreich nur noch bei Köcherfliegenlarven und den Gespinstsäcken einiger Schmetterlingsraupen, die ihre Häuser allerdings mit Hilfe von Seidenfäden aus Fremdstoffen (Steine, Holzstückchen) zuammenbauen.

Die Form der Schneckengehäuse zeigt oft eine spiralförmige Einrollung, das Schneckenhaus ist gewunden. Dieses Bauprinzip war in der Natur lange erfunden, bevor der Mensch begann – etwa aus Platzgründen in engen Türmen –, Wendeltreppen zu entwerfen und zu bauen. Die Spitze, das Gewinde, die Mündung und der Mundsaum sind wichtige Gehäusemerkmale, anhand derer Zoologen Gattung und Art bestimmen, da diese Merkmale für die jeweilige Art meist charakteristisch (arttypisch) sind.

> Schneckenschalen sind meistens spiralig um eine Achse gewunden und stellen oft kleine architektonische Wunderwerke dar.

Einige Meeresschnecken bauen sogar Fremdkörper wie Steine, Korallen, Muschelschalen und selbst Glasscherben in ihre Schale ein.

In einem Hohlraum zwischen Mantel und Körper liegen die Atmungsorgane sowie die Ausfuhrgänge für Darm, Nieren und Geschlechtsorgane. Bei vielen Schneckenarten kann man daher am Schalenrand ein Loch beobachten, welches regelmäßig geöffnet und geschlossen wird.

Als **Nacktschnecken** bezeichnet man Schneckenarten ohne Kalkschale. Neben einigen Landbewohnern zählen viele wunderschön gefärbte räuberisch lebende Meeresschnecken zu den Nacktschnecken. Sie besitzen kein Gehäuse zum Schutz, sind aber für Fressfeinde z. T. sehr giftig und kündigen dies mit bizarren Farbmustern als Warnung an.

Die meisten Landschnecken sind **Allesfresser**. Sie leben von Pflanzen, besonders den zarten Jungpflanzen, aber auch von faulenden Pflanzenteilen, Aas oder Küchenabfällen. Nur einige wenige Arten gelten als Schädlinge, diese können jedoch unter für sie günstigen Bedingungen große Schäden in Landwirtschaft, Gemüse- und Gartenbau anrichten.

Eine **Raspelzunge** dient als Werkzeug zur Aufnahme der Nahrung. Auf einem beweglichen Zungenpolster sitzen in Längs- und Querreihen einige Zehntausend Zähnchen aus Chitin, einem überaus harten Naturstoff. Mit dieser als Reibplatte (*lat.* Radula, das Schabeisen) arbeitenden Zunge reißen und schaben Weichtiere ihre Nahrung. An Aquarienscheiben lässt sich gut beobachten, wie eine Schnecke mit ihrer beweglichen Zunge Algen von der Innenseite des Glases abraspelt. Ähnlich wie der Zahn des Bibers wächst die Raspelzunge ständig von hinten nach, wenn sie sich vorne abnutzt. An der Form der Raspelzunge können Schneckenexperten unterschiedliche Arten unterscheiden.

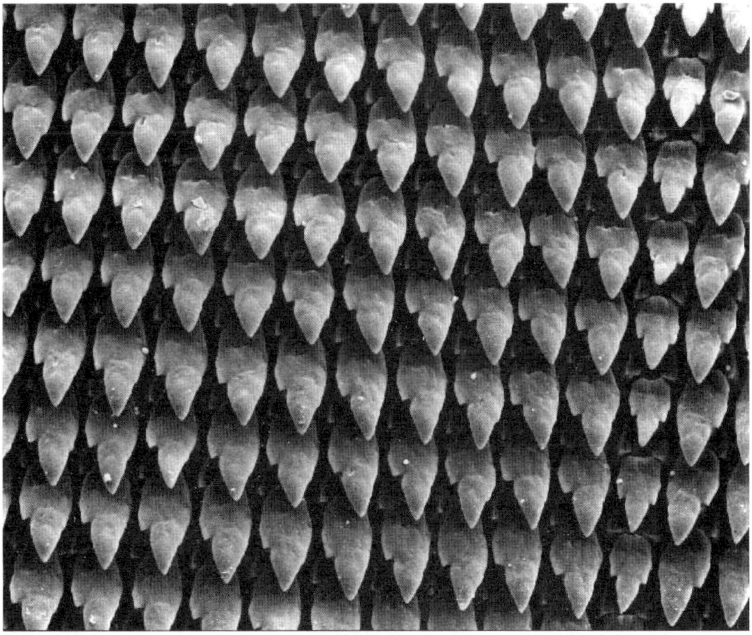

Raspelzunge einer Weinbergschnecke, ca. 200fach vergrößert

Die meisten Landschnecken sind **Zwitter**, d. h. jedes Individuum besitzt sowohl männliche als auch weibliche Geschlechtsorgane und kann sich mit jedem anderen Individuum der gleichen Art paaren. Daher gibt es keine getrennten Geschlechter, bei der Paarung befruchten sich die Tiere gegenseitig und jedes Tier kann Eier legen. Es gibt einige wenige getrenntgeschlechtliche Arten und auch Arten, die ihr Geschlecht ändern (z. B. sind dann junge Tiere zunächst männlich, die ausgewachsenen Exemplare weiblich).

Die meisten Landschnecken legen etwa 30 bis 300 **Eier** in lockerer Erde, aus denen nach etwa 4 Wochen die Jungschnecken schlüpfen. Je nach Klima schlüpfen Jungschnecken noch im Herbst oder die Eier bleiben den Winter über liegen. Mit der warmen Frühlingssonne schlüpfen dann die Jungschnecken. Unsere einheimischen Schnecken kümmern sich nach der Eiablage nicht um die Entwicklung ihrer Jungen. Anders verhält sich die *Cochlostyla*, eine farbenprächtige Schnecke aus Südostasien. Sie biegt mit Hilfe ihres muskulösen Fußes zwei Seiten eines Blattes zusammen und verklebt diese mit Schleim zu einer tütenförmigen Hülle. Unter diesem Schutz entwickeln sich die erbsengroßen Eier.

Noch raffinierter gehen die Veilchenschnecken vor. Sie leben in warmen Meeren und schweben mit Hilfe eines selbst gefertigten Schaumnestes an der Wasseroberfläche. Ohne diese Konstruktion würde die Schnecke im Meer versinken. Das Schaumfloß dient der Schnecke auch als Brutkammer, ähnlich wie bei Kampffischen oder Schaumzikaden (der so genannte Kuckucksspeichel auf Waldlichtungen). Zwischen den Luftblasen werden Kokons mit Eiern abgelegt. Nach einem freien Larvenstadium bauen die Jungtiere ihr eigenes luftiges Floß.

Die Gemeine Sumpfdeckelschnecke könnte man beinahe als ‚lebend gebärend' bezeichnen. Sie trägt ihre Eier so lange in ihrer Mantelhöhle mit sich herum, bis die fertigen Jungschnecken ausschlüpfen.

Schnecken sind insbesondere in Afrika und Fernost häufig **Zwischenwirte** von Nematoden, winzigen parasitischen Würmern, welche z. B. als Lungenwürmer für Wild- und Haustiere gefährlich werden können. So tritt eine Schlammschneckenart als Zwischenwirt des Großen Leberegels auf. Beim Weiden wird dieser Parasit von Schafen oder Rindern aufgenommen und verursacht die so genannte Leberegelseuche oder Leberfäule. Diese Krankheit verläuft für die befallenen Tiere oft tödlich und hat früher bisweilen ganze Viehbestände dezimiert.

Auch bei Krankheiten des Menschen können Schnecken als Überträger auftreten. Die **Bilharziose** (Schistosomiasis), an der in den

Tropen einige hundert Millionen Menschen leiden, geht auf den Befall mit Saugwürmern (*Trematoda*) zurück, für deren Larven Schnecken als Zwischenwirte dienen. Der ausgewachsene Wurm vermehrt sich im Menschen (Endwirt).

Auch bei der weltweit verbreiteten **Badedermatitis** spielen Schnecken eine Rolle. Die harmlose Hauterkrankung äußert sich in stark juckenden Flecken und Pusteln, die nach dem Baden in Seen oder Teichen auftreten. Verursacht werden sie durch die Larven eines Saugwurms, so genannte Zerkarien. Die erwachsenen Saugwürmer parasitieren im Darm von Enten und anderen Wasservögeln. Mit dem Kot der Enten gelangen die Eier ins Wasser, aus denen Larven schlüpfen, die dann Süßwasserschnecken befallen. In der Schnecke vermehren sich die Larven und werden wieder ins Wasser abgegeben, von wo sie wiederum Enten befallen. Irrtümlicherweise dringen jedoch Zerkarien auch in die Haut badender Menschen ein. Sie sind für den Fehlwirt Mensch ungefährlich und sterben hier (anders als bei der Bilharziose, s. o.) bald ab, verursachen jedoch unangenehm juckende Quaddeln. Zur Vorbeugung sollten an Badestellen niemals Enten gefüttert werden.

Einheimische Schneckenarten

Es gibt im deutschsprachigen Mitteleuropa – je nach Einteilung – etwa 300 einheimische Schneckenarten. Nur eine kleine Gruppe davon hat die Schnecken insgesamt als Gartenschädlinge in Verruf gebracht. Es mag für einen Gärtner seltsam klingen, aber viele andere Arten sind durch Raubsammeln heute sogar gefährdet. In der Nähe von Wien hat man deshalb ein spezielles **Schneckenschutzgebiet** eingerichtet.

Nacktschnecken

Nacktschnecken tragen kein Gehäuse. In Mitteleuropa leben zwei Familien dieser obdachlosen Kriecher, die Wegschnecken und die Egelschnecken. Da sie keinen Winterschlaf halten, sind sie sogar an frostfreien Tagen im Winter unterwegs.

Wegschnecken (Familie *Arionidae*, Aroniden) sind braun, rötlich oder schwarz gefärbt. Sie fressen Pflanzen und alle Arten von organischem Abfall. Im Folgenden werden die wichtigsten Vertreter vorgestellt:

Wegschnecke

Die bekanntesten heimischen Nacktschnecken sind die **Rote und die Schwarze Wegschnecke** (*Arion ater* und *Arion rufus*). Früher wurden beide Arten als **Große Wegschnecke** zusammengefasst. Sie werden 12 bis 15 cm lang – einzelne Exemplare können 18 cm erreichen – und sind in verschiedenen Farbnuancen rot, braun oder grau-schwarz gefärbt. Die Haut ist grob gerunzelt, auf der rechten Seite ist ein großes Atemloch zu finden. Bei Störung ziehen sie sich halbkugelig zusammen. Sie gehörten früher zu den häufigsten Arten, die auch in kleineren Gärten zu finden waren. Heute stehen jedoch beide Arten auf der Roten Liste der bedrohten Tierarten.

Die Große Wegschnecke ist ein Allesfresser, frisst hauptsächlich Pflanzen, aber auch verwesende Tiere oder Kot. In einer Nacht kann sie bis zur Hälfte ihres eigenen Gewichts verzehren. Auf der Suche nach Nahrung überbrückt sie große Strecken. Die kugeligen Eier, etwa 150 Stück pro Gelege, findet man bisweilen bei Gartenarbeiten, besonders in Hohlräumen unter Steinen, Holz oder in feuchtem Laub.

Die **Braune Wegschnecke** (*Arion subfucus*) ist meist braun gefärbt und mit 5 bis 7 Zentimeter deutlich kleiner als die Rote Wegschnecke.

Wegschnecken bei der Paarung

Die **Gemeine Gartenwegschnecke** (*Arion distinctus*) ist häufig auch im Herbst und Winter aktiv. Sie gehört zu den kleineren Schneckenarten und wird nur 3 bis 5 Zentimeter groß. Die Färbung reicht von gelblichen über bräunliche bis dunkelgraue Längsstreifen, die Sohle ist orangerot. Sie lebt eher im Boden, dicht unter der Oberfläche zwischen den Humuskrümeln und ist daher nur schwer zu entdecken. Gartenwegschnecken fressen bevorzugt an Wurzeln, Knollen und Früchten und können insbesondere an Möhren, Kartoffeln und Rüben Schäden anrichten. Nahe verwandt, aber etwas kleiner als die Gartenwegschnecke sind die Wald-Wegschnecke (*Arion silvaticus*) und die Graue Wegschnecke (*Arion circumscriptus*).

Relativ neu in Mitteleuropa ist die **Spanische Wegschnecke** (*Arion lusitanicus*). Sie wurde in den 60er Jahren des letzten Jahrhunderts vermutlich mit Gemüsetransporten nach Deutschland eingeschleppt. Im Norden ist sie bereits bis Skandinavien vorgedrungen und verdrängt mancherorts die einheimischen Nacktschnecken. In vielen Gärten ist sie zur großen Plage geworden.

Vom Aussehen und Schadbild her ähnelt die Spanische Wegschnecke der großen Roten Wegschnecke. Sie ist jedoch eher matter in der Färbung sowie noch zäher und schleimiger und wird daher von den natürlichen Feinden der Schnecken manchmal verschmäht. Es wird berichtet, dass selbst Schneckenkorn oft kaum wirkt.

Die Spanische Wegschnecke scheint sich an unserer oft feuchtkühlen Witterung nicht zu stören. Im Gegenteil: Während sie im heißen Spanien nur einmal im Jahr Eier legt, kommt es bei uns zu einer hohen Vermehrungsrate durch Gelege mit bis zu 400 Eiern und dies mehrmals im Jahr. Dadurch ist dieser Einwanderer den heimischen Arten gegenüber konkurrenzstärker. Die Schneckenplagen hierzulande sind meist auf diese eingeschleppte Art zurückzuführen.

Eigelege einer Nacktschnecke

Zu den **Egelschnecken** (Familie *Limacidae*, Limaziden) oder **Schnegeln** gehören viele Arten, die z. T. recht groß werden können: Anders als die Arioniden (s.o.) haben die Schnegel noch einen kleinen Rest des Gehäuses im Köperinneren, ein so genanntes „Schälchen".

Der **Große Schnegel** (*Limax maximus*), auch als Große Egelschnecke bezeichnet, wird bis zu 20 Zentimeter lang. Er zeigt ein

Leopardenmuster, graubraun bis grünlich mit dunklen Flecken oder Streifen und wird auch **Tigerschnegel** genannt. Die Fußsohle ist heller bis weiß, das Atemloch ist rechts und zwar – im Unterschied zu den Wegschnecken – hinter der Mitte des Mantels.

Der Große Schnegel gilt als die schönste unserer einheimischen Nacktschnecken. Diese Art ist eher in Gebüschen, Parks und Wäldern zu finden als in Gärten, taucht aber manchmal auch als ‚Haustier' in feuchten Kellern auf. Der Schnegel frisst normalerweise keine grünen Pflanzen, sondern eher abgestorbene Pflanzenteile, Pilze und Aas. Daher gilt er weniger als Schädling, zudem jagt er auch andere Nacktschnecken. Das Gelege umfasst bis zu 200 Eier.

Schlüpfende Jungschnecken

Die **Gelbe Egelschnecke** (*Limax flavus*) oder **Bierschnegel** wird bis 10 Zentimeter groß, wirkt schlank und ist eher unscheinbar blaugrau oder gelblich-rot gefärbt mit verwaschener Zeichnung. Der Schleim ist im Gegensatz zu dem der Ackerschnecken nicht milchig-weiß, sondern gelb gefärbt.

Die Gelbe Egelschnecke ist eher in Brunnen, Kellern und feuchten Vorratsräumen als im Freien zu finden. Sie frisst gerne eingelagertes Gemüse und Obst und kann dadurch Schaden anrichten, gilt inzwischen jedoch vielerorts als vom Aussterben bedroht, da es kaum noch Keller mit feuchtem Erdboden gibt.

Die **Genetzte Ackerschnecke** (*Deroceras reticulatum*) wird 5 bis 6 cm groß und ist meist heller braun, beige oder grau gefärbt mit netzartig angeordneten dunklen Flecken. Die Art ist recht schlank und verhältnismäßig flott unterwegs. Sie ist weit verbreitet in Gärten, Hecken, Wäldern und auf nassen Wiesen. Die Genetzte Ackerschnecke neigt zu Massenvorkommen und lebt unterirdisch wie oberirdisch. Sie klettert auch auf Pflanzen herauf, um Blätter und Blüten zu fressen.

Pro Jahr bringen die Ackerschnecken meist zwei Generationen hervor. Ackerschnecken wurden nach dem Zweiten Weltkrieg – vermutlich über Pflanzenimporte – bis nach Nordamerika verschleppt und haben sich mittlerweile über fast den gesamten amerikanischen Kontinent verbreitet.

Die Ackerschnecken gelten zwar als Allesfresser, ihre Lieblingsspeise scheinen jedoch junge Gemüsepflanzen zu sein. Daher können sie große Schäden anrichten. In der Landwirtschaft sind sie als Vertilger von Jungpflanzen bei Raps und Getreide bekannt.

Welche Arten die schlimmsten Schädlinge sind, das mag von Garten zu Garten und Kultur zu Kultur unterschiedlich sein und auch vom Kleinklima, von Bodenverhältnissen, Anbaumethoden usw. abhängen. Insgesamt zugenommen in den letzten Jahren haben in Deutschland insbesondere die Schäden durch die Spanischen Wegschnecken.

Gehäuseschnecken

Gehäuseschnecken können im Garten in den allermeisten Fällen geduldet werden, da sie kaum größere Schäden anrichten und z. T. sogar zu den Feinden der Nacktschnecken zählen.

Zu den **Hain- oder Schnirkelschnecken** gehören einige kleinere (bis 2,5 cm) Arten wie z. B. die **Bänderschnecken** (*Cepaea nemoralis* und *Cepaea hortensis*). Sie klettern gerne in Sträuchern und Hecken, einige Meter hoch an Stängeln und Ästen. Auch auf Zäunen und Holzpfosten heften sie sich an, verschließen ihr Haus und werden erst beim nächsten Regen wieder aktiv. Ihre recht hübsch gefärbten Gehäuse zeigen eine meist dunkle Bänderung. Die Bänderschnecken sind bisweilen auch auf Obstbäumen oder Gemüse zu finden, richten aber normalerweise keine größeren Schäden an. Sie sind eine wichtige Nahrung für die Singdrossel, mehr dazu im Kapitel über natürliche Schneckenfeinde.

Zur Gewächshausplage können Arten aus der Familie der Glanzschnecken werden, z. B. die in Deutschland häufige **Glänzende Dolchschnecke** (*Zonitoides nitidus*). Ihr rötlich-braunes Gehäuse bleibt unter einem Zentimeter klein. Da die in Mooren und nassen Wiesen lebende Schnecke selber sehr dunkel gefärbt ist, erscheint das Gehäuse in der Draufsicht beim lebenden Tier fast schwarz. Um solche Schnecken nicht einzuschleppen, sollte man Gießwasser, das man aus einem Fluss entnimmt, besser filtern.

Typisch für viele Gehäuseschnecken ist die **Trockenstarre** an heißen Tagen. Die Tiere ziehen sich vollständig in ihre Kalkschale zurück und verschließen die Öffnung mit einem Überzug aus Schleim. Oft klettern die Schnecken zuvor auf Pfosten, an Hauswänden herauf oder auf Balkone, da es an diesen Stellen nicht ganz so heiß wird wie unmittelbar in Bodennähe. Diese Trockenstarre kann bei anhaltend heißem und trockenem Wetter als **Sommerruhe** bis zu einigen Wochen andauern. In dieser Zeit verlangsamen die Tiere sämtliche Lebensfunktionen und Stoffwechselvorgänge. Erst bei einsetzendem Regen nehmen sie dann Wasser auf und werden wieder aktiv. Die Schnecken können dabei z. T. monatelang hungern. Angeblich soll es sogar vorgekommen sein, dass vermeintlich tote Schnecken in einem Museum beim Putzen der Vitrine plötzlich lebendig wurden und loszukriechen begannen.

Auch die bekannte **Weinbergschnecke** (*Helix pomatia*) gehört zu den Schnirkelschnecken. Sie ist eine der größten landlebenden Gehäuseschneckenarten in Europa. Ihr braun oder cremeweiß gefärbtes Schneckenhaus wird bis zu 5 cm groß. Die wärmeliebende Art bevorzugt Gebiete mit kalkhaltigem Untergrund.

Die Weinbergschnecke gehört eher zu den Nützlingen im Garten, da sie u. a. die Eier anderer Schneckenarten verzehrt. Sie ist überwiegend nachts oder nach starken Regenfällen unterwegs. Aufgrund ihrer Größe kann man sehr gut die Fühler erkennen, von denen die Weinbergschnecke zwei große und zwei kleinere besitzt. Mit einem kleinen Linsenauge kann das Tier seine Umgebung wahrnehmen. Stößt die Schnecke mit den Fühlern irgendwo an, werden diese sofort nach innen eingezogen.

Weinbergschnecke unterwegs

Wird die Weinbergschnecke gestört oder angegriffen, bläst sie Luft durch ihr Atemloch und erzeugt dadurch kleine Schleimbläschen. Der schaumige Schleim soll Angreifer, wie etwa Ameisen, von den weichen Körperteilen fern halten.

Weinbergschnecken sind erst mit zwei bis fünf Jahren ausgewachsen. Lange Zeit wurde angenommen, dass sie nur etwa sechs Jahre alt werden. Markierte Einzeltiere erreichten jedoch ein Alter von bis zu 35 Jahren. Alle Tiere sind Zwitter. Bei der Paarung richten sie sich gemeinsam Schleimfuß an Schleimfuß aneinander auf und treiben einen so genannten Liebespfeil in den Körper des Partners.

Diese Liebespfeile bestehen aus einer scharfkantigen Kalkstruktur und werden kurz vor der eigentlichen Befruchtung abgeschossen.

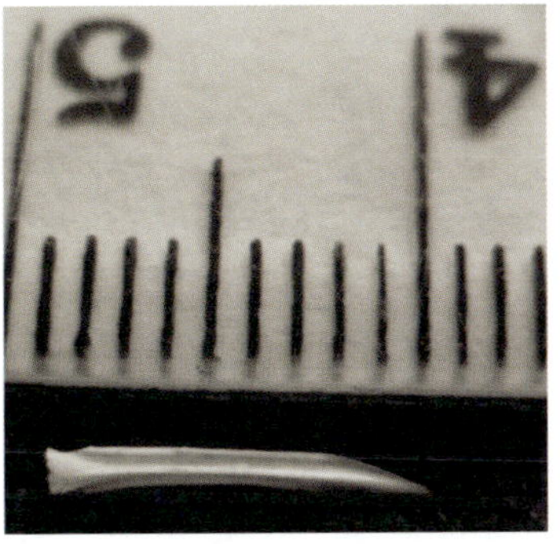

Liebespfeil der Weinbergschnecke (im Hintergrund ein Lineal zum Größenvergleich)

Weinbergschnecken beim Paarungs-„Kuss“

Ende Mai legen sie etwa 50 - 60 Eier in eine selbst gegrabene Mulde im Boden, die von der Schnecke fest zugedrückt wird. Nach knapp einem Monat schlüpfen die zunächst noch durchsichtigen Jungschnecken und graben sich an die Erdoberfläche. Den Winter verbringen die Weinbergschnecken in einer **Kältestarre** unter Laub und Mulch oder in einer Bodenspalte. Ihr Gehäuse verschließen sie mit einem Kalkdeckel.

Ein Tipp nicht nur für Biologielehrer: Wer das Wachstum einer Weinbergschnecke beobachten will, tupft eine kleine Markierung an den Rand des Gehäuses (wasserfeste Tusche oder Edding-Stift). Nach und nach zeigen sich dann die durch Kalkabsonderungen neu gebildeten Zuwachsringe und der markierte Punkt rutscht nach oben bzw. hinten.

Die meisten Schneckenhäuser sind rechtshändig gedreht, d. h. die Windungsrichtung verläuft im Uhrzeigersinn, also rechts herum. Man erkennt die Windungsrichtung, wenn man das Gehäuse von der Spitze her betrachtet. Nur eine einzige von etwa 20.000 Weinbergschnecken trägt ein links herum gewundenes Haus, im Volksmund **Schneckenkönig** genannt. Diese Exemplare gehören keineswegs zu einer eigenen Art und linksgewundene Elterntiere erhalten keine linksgewundenen Nachkommen, sondern die „falsche“ Asymmetrie ist das Ergebnis eines kleinen Defekts im Erbgut, der nur selten auftritt.

Schneckenkönig (links)

Bei Fotos von Schnecken und Schneckenhäusern muss man diesbezüglich sehr aufpassen, denn ein Negativ wird schnell mal herumgedreht und man kann im Papierabzug (oder auch im Dia) nicht immer sicher sein, dass rechts und links dem Original entsprechen.

> Wie hoch schätzen Sie das Schneckentempo ?
> Die Geschwindigkeit einer Weinbergschnecke beträgt etwa 4 m pro Stunde.

Der Bestand der Weinbergschnecken ist vielerorts stark zurückgegangen, gerade auch in Gebieten, in denen die Tiere gesammelt wurden, um sie an die Gastronomie zu verkaufen. Man vermutet zudem, dass die Böden durch die Luftverschmutzung stärker versauern und daher von den Weinbergschnecken gemieden werden. In Deutschland und Österreich steht die Weinbergschnecke ganzjährig unter Naturschutz und darf nur in bestimmten Regionen und mit besonderen Auflagen gesammelt werden.

In Polen werden jedes Jahr 150 bis 200 t Weinbergschnecken gesammelt (das sind einige Millionen Tiere) und vor allem nach Frankreich exportiert. Gerade im verarmten Masuren im Norden Polens mit hoher Arbeitslosigkeit verdient sich mancher ein Zubrot mit den umgerechnet etwa 50 Cent, die man für 1 kg Schnecken erhält. Von den Aufkäufern angenommen werden jedoch nur Tiere mit einem Mindestdurchmesser von 3 cm.

Die Schneckenplage und ihre Ursachen

Schnecken sind zur großen Plage geworden, sowohl für den Hobbygärtner, wie auch für Gärtnereien und die Landwirtschaft, insbesondere den Gemüseanbau. Gerade die Nacktschnecken sind zwar oft eher klein und unscheinbar, dennoch aber sehr gefräßig und sie können große Schäden anrichten. Auffälliger in Gärten sind die großen roten oder braunen Arten, die von immer mehr Gärtnern gehasst und gefürchtet werden.

Unglücklicherweise fällt die Zeit des Säens und Pflanzens im Frühjahr genau in die Zeit, wenn die Schnecken ausgehungert aus der Winterruhe erwachen und frische Nahrung suchen. Lautlos fallen sie nachts über **Aussaaten**, **Setzlinge** und **Jungpflanzen** her. Die ‚gefräßigen Schleimbiester' fressen nahezu alles ab, was grün und saftig ist. Besonders gern verzehren die Tiere frische grüne Blätter, zarte Pflanzenteile, Keimlinge und Jungpflanzen. Nur wenige Pflanzen werden verschmäht. Auch wenn Jungpflanzen lediglich angefressen werden und den Schneckenfraß überleben, bleiben sie oft verkrüppelt und in ihrer Entwicklung gestört.

Fraßschäden durch Schnecken an Rosenkohl

Pro Nacht können Schnecken pflanzliches Material in einer Menge von etwa der Hälfte ihres Körpergewichts fressen. Bei diesen Fraßleistungen ist es kein Wunder, dass von den mühsam gepflanzten Salat- oder Zucchinikeimlingen am nächsten Morgen oft nur noch ein kümmerlicher Rest zu finden ist. Zu den Fraßschäden selber kommt meist noch eine unangenehme Verschmutzung durch Kot und Schleim.

Schnecken zeigen kein charakteristisches Fraßbild und eine Unterscheidung von Schäden durch Raupen, Heuschrecken oder andere Tiere ist auf den ersten Blick nicht eindeutig. Bei feuchtem Wetter oder am frühen Morgen erwischt man die Nacktschnecken oft „in flagranti". Dass Schnecken einen Schaden angerichtet haben, erkennt man ansonsten an den charakteristischen silbrig-weiß glänzenden Schleimspuren, welche die Tiere hinterlassen. Junge, kleinere Blätter sind oft völlig abgefressen, größere Blätter tragen unregelmäßig verlaufende Löcher und Kerben, an Stängeln, Knollen und Früchte finden sich halbrunde Vertiefungen.

Auch in gepflegten Gärten finden die Tiere Versteckmöglichkeiten, um Hitze und Trockenheit zu trotzen. Da sich z. B. in Kohlköpfen die **Feuchtigkeit** vom Regen sehr lange hält, können sich bisweilen Dutzende von Schnecken in einem einzigen Kohlkopf verstecken.

An feuchten Tagen und nachts sind die Schnecken besonders aktiv. Wer nur bei strahlendem Sonnenschein seinen Garten betritt, wird allenfalls die Fraßschäden und die silbrig glänzenden Schleimspuren bemerken. Viele regenreiche Sommermonate können (wie 1985) zu regelrechten ‚Schneckenjahren' führen.

Besonders schlimm ist die Schneckenplage auf feuchten Böden und bei Beeten, die an **Grasflächen** oder Hecken angrenzen. Landwirte oder Gärtnereien sind besonders betroffen bei Feldern direkt neben Wiesen oder krautigen Wegrainen. Hier treten die größten Probleme mit dem Schneckenfraß auf. Einige Ackerschnecken können auch im Winter aktiv sein und das Getreide unter der Schneedecke anfressen, was erhebliche Ertragseinbußen zur Folge haben kann.

Die Schäden durch die große Weinbergschnecke sind dagegen eher harmlos. Sie frisst überwiegend faulende Blätter oder abgestorbene Pflanzen und wird oft zu Unrecht für Schäden durch die weniger auffälligen Nacktschnecken verantwortlich gemacht. Indem die Weinbergschnecke faulende Pflanzenteile vertilgt, trägt sie sogar zum Schutz vor Pilzkrankheiten bei und kann daher auch als Nützling angesehen werden.

Auch der gutmütigste Gärtner kann in Wut geraten, wenn sich die gefräßigen Schnecken über Blumen, Erdbeeren und Setzlinge hermachen und nachts ganze Beete abraspeln. Aus Frust und Verzweiflung greift dann auch mancher Bio-Gärtner zur Chemie-Waffe. Andere Hobbygärtner sind durch den Ärger mit den Schnecken so verdrossen, dass sie ihr Hobby aufgeben. Es heißt dann oft, in diesem oder jenem Garten sei wegen der Schnecken ein Anbau von Gemüse oder Blumen nicht mehr möglich. Vor lauter Resignation werden dann ehemals vielgestaltige und lebendige Gärten eingesät und in langweilige Rasenflächen verwandelt.

Nacktschnecken auf Rosenkohl

Andere Gartenfreunde machen oft zu Unrecht die Vögel dafür verantwortlich, wenn frische Setzlinge schon am nächsten Tag verschwunden sind. Man sieht die Vögel im Garten tagsüber eher als die versteckt lebenden Schnecken, die gerade an Sommertagen erst im Schutz der Nachtkühle aktiv werden.

Abgesehen von den direkten Fraßschäden kommen Nacktschnecken auch als **Überträger von Pilzkrankheiten** in Betracht, indem sie Pilzsporen von kranken auf gesunde Pflanzen verschleppen. So ist es z. B. bei Zucchini oder Gurken besonders ärgerlich, wenn bereits kleinere Fraßschäden durch die Verletzung der Pflanzen einen Fäulnisbefall verursachen. Darüber hinaus tragen Schnecken auch zur Verschleppung von Nematoden bei. Zu den winzigen, auch Fadenwürmer oder Älchen genannten Nematoden gehören viele Pflanzenschädlinge wie das Rübenälchen oder das Getreideälchen. Nematoden finden sich häufig im Kot der Schnecken.

Das Schneckenproblem betrifft nicht nur die Hobbygärtner. Auch landwirtschaftliche Kulturen können von der Schneckenplage betroffen werden, u. a. Getreide, Kartoffeln, Raps, Luzerne und Rüben. Selbst aus dem Obstbau und aus Weinbergen sind Schäden bekannt. In den Niederlanden traten schon in den 30er Jahren große Schäden auf Feldern und in Gewächshäusern auf. In Großbritannien, wo die Schnecken aufgrund des eher milden Klimas besonders gute Bedingungen vorfinden, zählen Molluskizide (zur Schneckenbekämpfung eingesetzte Chemikalien) zu den wichtigsten Pflanzenschutzmitteln und werden auf einer Fläche von einigen Hunderttausend Hektar ausgebracht. Vor Schnecken weitgehend sicher sind nur höhere Lagen ab etwa 1.500 m.

Auch außerhalb von Gärten und Feldern sind durch Schnecken verursachte Schäden bekannt, einige Beispiele:

Schnecken verseuchen Trinkwasser: Im August 2005 drangen Nacktschnecken in einen Tank eines Wasserwerks einer Gemeinde in Sachsen-Anhalt ein und verunreinigten diesen mit E. Coli-Bakterien und so genannten koliformen Keimen. Diese Keime können Nieren- und Blasenerkrankungen hervorrufen. Etwa 6.000 Menschen mussten daraufhin für einige Zeit ihr Trinkwasser abkochen oder auf Mineralwasser aus Flaschen ausweichen.

Schnecken nagen an Englands Küste: Eine kuriose Meldung lieferte 2002 ein englischer Wissenschaftler, der Napfschnecken an der englischen Südküste untersuchte. Diese wenige Zentimeter großen Schnecken mit einem napfförmigen Gehäuse leben typischerweise an felsigen Meeresküsten, u. a. auch auf den berühmten weißen Kreidefelsen Südenglands. Beim Abweiden der Algen, von denen sich die Schnecken ernähren, schaben sie auch ein wenig des Gesteins mit ab. Nach Untersuchungen des Schneckenkots schätzt der Forscher, dass etwa 30 Prozent der Erosion an den Kreidefelsen auf die Schnecken zurückzuführen sind.

Schnecken fressen Küstenwiesen kahl: Aus den Salzmärschen im Süden der USA werden Massenvermehrungen von kleinen Gehäuseschnecken berichtet. Diese fallen über die dort wachsenden Gräser her, bis zu 2.000 Schnecken wurden pro Quadratmeter gezählt. Man vermutet hier einen Zusammenhang mit Trockenperioden durch die globale Erwärmung.

Wissenschaftler und Forschungsinstitute arbeiten an Vorhersagemodellen und Bekämpfungsmethoden. Man diskutiert z. B., in Zukunft das Saatgut gefährdeter Pflanzen zu beizen, d. h. vorbeugend mit Giftstoffen zu behandeln. Ein „Wundermittel", eine giftfreie, kostengünstig und großflächig anwendbare Bekämpfungsmethode ist nicht in Sicht.

> Ein Tipp für die Küche: Wenn Sie vor dem Säubern von Salat oder Gemüse einen Löffel Salz zum ersten Waschwasser geben, lösen sich übersehene Schnecken von selber ab.

Das Schimpfen auf die Schnecken und der hervorgerufene Zorn vieler Gartenbesitzer ist verständlich, das Problem wird dadurch jedoch nicht gelöst. Es ist nach der Ursache der Schneckenplage zu fragen. Woher kommen die vielen Schnecken? Wieso kommt es in den letzten Jahren zu Massenentwicklungen von Nacktschnecken in unseren Vorgärten, die man in dieser Form früher nicht kannte?

Fressfeinde der Schnecken

Die Beziehungen der Lebewesen untereinander und zu ihrer Umgebung sind Untersuchungsgebiet der Ökologen. Tiere fressen und werden gefressen. Ökologen stellen dies in Nahrungsketten und Nahrungsnetzen dar. Die massenhafte Zunahme der Schnecken hängt nach Ansicht vieler Experten und Praktiker mit einem ökologischen Ungleichgewicht zusammen: Die Anzahl ihrer Fressfeinde hat stark abgenommen. Wo findet man heute in Gärten noch gesunde Populationen von Igeln, Eidechsen, Gartenspitzmäusen, Kröten und anderen Schneckenräubern? Welche natürlichen Feinde können in einer aufgeräumten ‚Agrarsteppe' oder einem allzu ‚ordentlichen' Garten überleben und die Schnecken in Schach halten?

In der Landwirtschaft ist es in den letzten Jahrzehnten durch die massive Umstrukturierung kleinbäuerlicher Höfe zu Betrieben der Agrarindustrie zu gewaltigen Veränderungen gekommen. Landwirte sahen sich gezwungen, Bauernhöfe zu rationell durchorganisierten Wirtschaftsbetrieben umzugestalten, in denen für Kleintiere oft kein Platz mehr ist. Früher liefen z. B. **Hühner**, **Gänse** und **Enten** den größten Teil des Jahres über frei herum und suchten in Höfen, Wiesen und Weiden nach Schnecken. Die Küken lernten von den Glucken, kleinste Schnecken und Schneckeneier aus dem feuchten Laub herauszuscharren. In vielen Dörfern und Höfen durften die Hühner und Enten im Winter sogar in den Gemüsegärten auf Schneckenjagd gehen. Heute wird das Federvieh fast nur noch in Stallungen gehalten, längst haben Brutmaschinen die Aufzucht der Küken durch die Glucken ersetzt und von den Millionen von Käfighennen in Mitteleuropa hat vermutlich noch nie eine einzige nach einer Schnecke picken dürfen. Wundert es da, wenn sich in den Gärten die Schnecken ungestört und massenhaft vermehren?

Früher waren in Dorfscheunen und alten Bäumen **Käuze** und **Schleiereulen** zu Hause, die auf ihrer nächtlichen Suche nach Nahrung auch Schnecken nicht verschmäht haben. Auch diese Schneckenjäger sind in vielen Gebieten selten geworden, da sie immer weniger Lebensräume finden.

Warum Hunde und Katzen die Schneckenplage fördern

Eine weitere Ursache der Schneckenplage hängt vermutlich damit zusammen, dass so viele Hunde und Katzen in Gärten und Wiesen herumstreunen. Dies mag zunächst ungewöhnlich klingen, sind doch Haustierhalter meist felsenfest davon überzeugt, dass ihre vierbeinigen Lieblinge keinerlei Schaden anrichten. Was haben also Hunde und Katzen mit den Schnecken zu tun?

Betrachtet man die natürlichen Nahrungsketten, werden die Zusammenhänge deutlich. Eine **Igelmutter** z. B. kann nur schwerlich ihre 5 bis 7 Jungen im Nest aufziehen, wenn sie bei der Futtersuche immer wieder gestört wird und sich vor neugierigen Hunden oder Katzen einkugeln muss. Ebenso werden die **Kröten** massiv gestört, wenn sie in der Dämmerung auf Schneckenfang gehen und zum Spielball einer Katze werden. Die Kröten werden zwar aufgrund ihres unangenehmen Hautsekrets nicht von Katzen gefressen, werden aber durch ‚spielende' Katzen oft schwer verletzt oder bis zum Tode gequält.

Ähnlich ergeht es der **Gartenspitzmaus**, einem kleinen, aber immer hungrigen Raubtier, welches Schnecken und andere Schädlinge in großer Zahl vertilgt und deshalb als ausgesprochen nützlich gilt. Durch die spitz zulaufende lange Schnauze mit den langen Tasthaaren lässt sich die Spitzmaus von anderen im Garten eher unerwünschten Mäusearten unterscheiden. Die Spitzmaus wühlt keine unterirdischen Gänge. Sie frisst keine Pflanzenteile wie Knollen, Zwiebeln oder Früchte, sondern sie ist ein Fleischfresser. Mit ihrem feinen Geruchssinn spürt sie Schnecken und deren Eier im Boden auf und vertilgt sie. Spitzmäuse werden von Katzen wegen ihres Geruchs nicht gefressen, dienen ihnen aber als ‚Übungsgerät' und werden dabei oft zu Tode gequält. Morgens findet man dann die nass gekauten Spitzmäuse auf dem Gartenweg liegen.

Somit sind auch allerliebste und gut gefütterte Haustiere mit dafür verantwortlich, dass Igel, Kröten, Frösche, Eidechsen und andere Tiere in vielen Gärten nur noch selten zu finden sind. Selbst wenn trotz Hunden und Katzen hier und da noch Igel oder Kröten in Gärten gesehen werden, werden diese sich bei anhaltenden Störungen nicht wohl fühlen, vielleicht bald zurückziehen und den Garten den Schnecken überlassen.

Ganz wichtig ist, dass insbesondere Katzen nachts und unbeaufsichtigt nicht in den Garten gelangen. Katzen können nicht nur die Schneckenplage fördern. Durch wildernde Hauskatzen werden jedes Jahr Zigtausende von jungen Singvögeln aus dem Nest geholt. Da die meisten Hauskatzen gut gefüttert sind, werden die Nestlinge oft nicht einmal gefressen, sondern irgendwo abgelegt oder auch ins Haus geschleppt.

> Wie sollen sich Igel, Kröten, Spitzmäuse, Eidechsen und viele andere Kleintiere in einem Garten wohlfühlen und vermehren, wenn sie von Hunden oder Katzen ständig gequält oder getötet werden?
>
> Wer soll die massenhafte Entwicklung von Nacktschnecken noch aufhalten, wenn alle Schneckenjäger aus einem Garten vertrieben worden sind?

Leider werden die Spitzmäuse auch von vielen Imkern bekämpft. Es kommt vor, dass sich eine Gartenspitzmaus im Winter durch kleinste Fluglöcher quetscht und in den Bienenstock eindringt. Die in der Wintertraube starr sitzenden Bienen mit ihrer Brut sind in der kalten Jahreszeit ein gefundenes Fressen für die immer hungrigen Spitzmäuse.

Einfache Abhilfe gegen diese Gefahr schaffen mäusesichere Drahtgitter an allen Fluglöchern des Bienenstandes. Damit können sich auch Imker an den nützlichen Gartenhelfern erfreuen. Im Sommer sind diese Drahtgitter nicht nötig, da die Bienen dann jeden Angriff vehement selbst verteidigen und einer Spitzmaus keine Chance lassen würden, unbemerkt in den Stock einzudringen.

Dass jeder Naturfreund zum Schutz von Spitzmäusen sowie auch Eulen und Greifvögeln auf das Auslegen von Ratten- und Mäusegift verzichten sollte, versteht sich von selbst.

Einflüsse von Wetter und Anbaumethoden

Schnecken benötigen Feuchtigkeit. In Trockenperioden können sie sich nicht massenhaft entwickeln. Auch allzu niedrige Temperaturen mögen sie nicht. Bei hartem Frost sterben viele Schneckeneier ab, in milden Wintern überleben sie eher (*s. dazu das Kapitel ‚Tipps und Tricks' S. 88f*). Günstige Faktoren für ein massenhaftes Auftreten von Schnecken (Nackt- wie Gehäuseschnecken) sind ein regenreiches Frühjahr, ein feuchter Sommer und Herbst sowie insgesamt eher geringe Temperaturschwankungen.

Das im Biologischen Gartenbau so beliebte und empfehlenswerte **Mulchen** kommt der Lebensweise der Schnecken unglücklicherweise sehr entgegen. Eine dicke Mulchschicht, z. B. aus Rasenschnitt, bietet den Schnecken feuchte Verstecke und ihren Eiern gute Entwicklungsmöglichkeiten. (*Wie man trotz Schnecken mulchen kann, lesen Sie auf S. 84 unter ‚Schneckenfeindliche Anbaumethoden'.*)

Auch die Auswahl der Pflanzen im Garten kann den Schneckenbefall beeinflussen. Leider gehören einige der beliebtesten Gartenblumen wie Dahlien, Tagetes, Astern oder Rittersporn ebenso zu den Leibgerichten der Schnecken wie die allerorten angebauten Salate oder junge Möhren. Auch die beliebten Zucchini mögen die Nacktschnecken besonders gern.

Die Bekämpfung der Nacktschnecken

Es gibt keine jederzeit und überall wirkenden Wundermittel zur Schneckenbekämpfung. Dies wäre gegen die Prinzipien der Natur, wo viele Faktoren miteinander verknüpft und voneinander abhängig sind. Die Schnecken einfach mit chemischen Mitteln oder anderen Methoden zu vernichten, hilft nur kurzzeitig und löst das Problem nicht dauerhaft. Natürliche Schneckenbekämpfung heißt, die Kräfte der Natur zu nutzen und sich bei der Schneckenbekämpfung von den natürlichen Gegebenheiten helfen zu lassen. Durch eine Mischung von Kultur- und vorbeugenden Maßnahmen mit akuten Bekämpfungsmethoden kann das Problem zumindest eingedämmt und größere Schäden verhindert werden.

Förderung von Schneckenfeinden

Eine Betrachtung der Ursachen der Schneckenplage liefert Ansätze zur Bekämpfung. Indem man die natürlichen Feinde der Schnecken im Garten fördert und dafür sorgt, dass diese sich ansiedeln und wohl fühlen können, bekämpft man die Schnecken auf natürliche Weise. Igel, Kröten, Frösche, Eidechsen, Blindschleichen, Spitzmäuse, Laufkäfer, aber auch Vögel, besonders die Drosselarten, zählen zu den natürlichen Feinden der Schnecken.

Igel sind erfolgreiche Schneckenjäger

Im Folgenden führen wir einige Tiergruppen auf, die bei der Bekämpfung von Nacktschnecken wertvolle Unterstützung leisten. Gleichzeitig nennen wir praktische Tipps, wie man diesen Tieren im eigenen Garten Lebensmöglichkeiten bieten kann. Viele der Schneckenvertilger wie Maulwurf, Igel, Kröten oder Laufkäfer stehen übrigens nach der Bundesartenschutzverordnung unter besonderem Schutz.

Viele Amphibienarten gelten als Schneckenfeinde

Säugetiere

Viele der als Schneckenfeinde bekannten Tierarten werden sich in einem Garten einfinden, wenn sie einen ihrer Art gemäßen Lebensraum vorfinden. Durch Anlage eines Reisighaufens aus Schnittholz z. B. kann der Gärtner viel zur Ansiedlung der Schneckenfeinde beitragen. Dicke Steine, Baumwurzeln oder Holzklötze lassen Hohlräume entstehen, die – mit Stroh, Laub oder Moos trocken ausgepolstert – **Igel** und Gartenspitzmaus ein Zuhause bieten. Selbst Kröten und Molche lieben die feuchteren Randgebiete eines solchen Reisighaufens als willkommenes Versteck.

Igelversteck

Reisighaufen finden auch in kleineren Gärten ihren Platz, wenn man sie z. B. geschickt in eine Gartenhecke integriert. Auch auf Beton oder Steine aufgestellte Gartenhäuser oder Geräteschuppen eignen sich gut als Unterschlupf für Igel, wenn man ein wenig Stroh und Laub darunter streut. Wer solche Möglichkeiten nicht hat, dem bleibt immer noch ein selbst gebasteltes oder im Handel erworbenes Igelhaus aus Holz oder Ton. Wichtig ist dabei ein wasserdichtes Dach und eine Füllung aus Laub, Stroh oder Moos. Das eigentliche Nest bauen sich die Igel selber, wenn sie nur genügend Baumaterial in der Umgebung vorfinden.

Bisweilen sucht sich der Igel sogar einen Platz in einer Gerümpelecke einer Scheune oder eines Holzschuppens. Sonnige und warme Stellen werden dabei bevorzugt. Hat man einen solchen Untermieter zu Gast, sollte man darauf achten, dass die Türen nie völlig geschlossen werden, damit dem Igel immer ein freier Auslauf nach außen offen steht.

Igelnest mit sieben Jungtieren

Besitzer kleinerer Gärten sollten sich mit den Nachbarn darüber verständigen, dass in der Garten- oder Grundstücksumzäunung ein geeigneter **Durchschlupf** geschaffen wird. Igel streifen nachts auf der Suche nach Nahrung umher und können sich bis zu 250 m von ihrem Quartier entfernen. Für die Nacktschnecken ist es kein Problem, in ein fest ummauertes Grundstück einzudringen, für den Igel stellt jedoch schon ein bis zum Boden reichender Maschendrahtzaun ein oft unüberwindliches Hindernis dar.

Man darf es jedoch mit der Förderung der Igel, insbesondere dem Anfüttern nicht übertreiben. Eine schneckengeplagte Hobbygärtnerin beklagte sich bei den Autoren dieses Buches, dass sie in ihrem recht kleinen Garten zwar regelmäßig einen Igel beobachtet, die Zahl der Schnecken jedoch nicht abnehmen würde. Im Gespräch stellte sich dann heraus, dass die Gärtnerin dem Igel abends immer Katzenfutter hinstellte. Kaum verwunderlich, dass dieser Igel nach einer solchen Mahlzeit anschließend keinen Hunger mehr auf Schnecken hatte.

Die **Gartenspitzmaus** lebt in Reisig- und Komposthaufen, Strohballen, Laubhaufen und anderen trockenen und warmen Stellen, welche sie auch zur Überwinterung benötigt. Auch unter dem Garten- oder Gewächshaus, im Holzschuppen oder im Kaninchenstall kann die Kinderstube der Gartenspitzmaus zu finden sein.

An ihrer geringen Größe, der langen Schnauze und den winzigen Augen kann man die Spitzmaus gut erkennen und von den ‚echten' Mäusen unterscheiden.

Spitzmäuse leben versteckt und werden erst in der Dämmerung aktiv. Oft hört man ihre eigenartigen Pfeiftöne schon, bevor man das Tier selbst sehen kann. Spitzmäuse sind sehr eifrige Räuber. Sie müssen jeden Tag so viel Nahrung zu sich nehmen, wie ihrem eigenen Körpergewicht entspricht. Zoologisch gesehen sind Spitzmäuse übrigens gar keine ‚echten' Mäuse.

Der **Maulwurf** ist bei Gartenbesitzern meist weniger beliebt, da er mit seinen ‚Abraumhalden' Wiesen und Beete nicht unbedingt im Sinne des Gärtners ‚verschönert'. Dennoch sollte er unter dem Aspekt der Schneckenbekämpfung auch positiv gesehen werden, da der Maulwurf im Boden lebende Schnecken und ihre Eier nicht verschmäht.

Ein weiterer Schneckenfeind in freier Wildbahn ist der **Dachs**. In die meisten Gärten wird sich kaum jemals ein solches Tier verirren, in

Ortsrandlagen und in der Nähe von Wäldern jedoch streifen die Dachse auf der Suche nach Nahrung gerne auch durch Gemüse- und Obstgärten. Malakologen (auf Schneckenforschung spezialisierte Biologen) haben bei der Untersuchung des Mageninhalts eines Dachses mehr als 40 Rote Wegschnecken gefunden.

Selbst Wildschweine verschmähen die Schnecken nicht. Für eine Schneckenbekämpfung ist dieser Aspekt allerdings weniger bedeutsam, denn wo sich tatsächlich Wildschweine in einem Gemüsegarten tummeln, wäre der Besitzer vermutlich froh, die Wildschweine verschwänden und die Schnecken kämen wieder.

Lurche (Amphibien)

Zu den Lurchen zählen Frösche, Kröten, Molche und Salamander. Bei den meisten einheimischen Lurchen stehen Schnecken auf dem Speiseplan, sie fressen aber auch andere Gartenschädlinge wie Kartoffelkäfer oder Asseln. Frösche verzehren besonders gerne die Eier von Schnecken. Jede Maßnahme, die verschiedenen Arten von Lurchen anzulocken und in der Umgebung des Gartens zu halten, wird das Schneckenproblem mittelfristig vermindern.

Man sagt, dass einige wenige Kröten in einem Gewächshaus dieses weitgehend schneckenfrei halten.

Kröten, **Frösche** und **Molche** benötigen ein Feuchtbiotop. Eingegrabene Fässer oder Badewannen sind dazu weniger geeignet, da die Tiere diese ‚Kunst-Gewässer' wegen der steilen Wände meist nicht verlassen können. Über die Anlage eines **Gartenteiches** kann man sich bei Naturschutzverbänden oder Gartenbaubetrieben informieren. Durch den Einsatz von Folien oder speziellen Wannen ist auch in kleinen Gärten die Anlage eines Teiches möglich.

Der attraktive **Feuersalamander** zählt ebenfalls zu den Schneckenfeinden. Trotz seiner schwarz-gelben Warnfärbung ist er nur selten zu sehen, da er sich tagsüber unter Holz oder Steinen versteckt hält. Nachts kriecht er auf der Suche nach Nahrung hervor und erbeutet neben Würmern und Insekten auch Schnecken. Man findet den Feuersalamander in Gärten jedoch eher selten. Er liebt die Nähe kleiner kühler Gewässer (Quellen, Brunnen), in denen seine Jungen aufwachsen.

Kriechtiere (Reptilien)

Über **Eidechsen, Ringelnattern** und **Blindschleichen** sollte sich jeder Gartenbesitzer freuen. Gerade die Blindschleichen werden jedoch immer noch von uneinsichtigen Zeitgenossen totgeschlagen. Die Abscheu und Furcht vor Schlangen ist töricht und in Mitteleuropa unbegründet. Dabei sind die Blindschleichen beinlose Eidechsen und gehören damit weder zu den Schlangen noch sind sie blind. Sie lieben schattige Orte und einen feuchten Untergrund. Man findet sie oft in großen Laub- oder Komposthaufen. Blindschleichen sollten in jedem Garten hochwillkommen sein, da sie hauptsächlich Nacktschnecken und Insektenlarven vertilgen.

Alle Reptilien sind wechselwarme Tiere, d. h. dass ihre Körpertemperatur von der Außentemperatur abhängt. Daher sitzen Eidechsen gern in der Sonne, um Wärme zu tanken. Die bei uns häufigste Eidechsenart ist die **Zauneidechse**. Ihr kann man mit einer aus Natursteinen aufgeschichteten Gartenmauer einen geeigneten Platz anbieten. **Natursteinmauern** waren früher in vielen Dörfern ortsbildbestimmend, mussten jedoch häufig Straßenbaumaßnahmen und einem falschen und übertriebenen Ordnungsverständnis weichen.

Die Steine speichern die eingestrahlte Sonnenwärme, wodurch z. B. die Eidechseneier auf natürliche Weise ‚ausgebrütet' werden. Die Steine sollten möglichst nicht gemauert werden, damit Hohlräume als Versteckmöglichkeiten bleiben. Insbesondere die feuchten Stellen in einer solchen Natursteinmauer werden gerne von Kröten aufgesucht.

Nebenbei lassen sich in dem besonderen Mikroklima eines sonnigen Steinhaufens interessante Pflanzen ziehen, z. B. Königskerzen, Mauerpfeffer, Fetthenne oder Küchenschelle.

Reicht der Platz im Garten zur Anlage einer Natursteinmauer nicht aus, kann mit einem Haufen aus locker geschichteten Steinen ein ähnlicher Lebensraum geschaffen werden. Wichtig ist eine möglichst sonnige und trockene Lage. Man sollte viele unterschiedlich große Lücken für die Tiere vorsehen. Auch Tonröhren (Dränageröhren) lassen sich als Wohn- und Brutplatz in einer Steinmauer oder einem Steinhaufen einbauen. Wenn nun noch an den wärmsten Stellen einige Eimer Sand ausgebracht werden, finden Eidechsen einen idealen Platz, um ihre Eier abzulegen.

Zauneidechse

Auch **Ringelnattern** sind eifrige Schneckenvertilger. Sie leben meist in der Nähe von Teichen, Bächen oder anderen Gewässern. Werden solche Lebensräume vernichtet, verschwinden auch diese Schneckenfeinde.

Selbst von den früher als Heimtiere weit verbreiteten Griechischen Landschildkröten wird berichtet, dass sie über Schnecken herfallen. Diese Art ist jedoch durch Zerstörung ihrer Lebensräume sowie das systematische Absammeln für den Heimtierhandel von der Ausrottung bedroht und fällt unter das Washingtoner Artenschutzabkommen. Ohne gültige Papiere ist jeder Handel in der gesamten EU strafbar, auch die in Gefangenschaft nachgezüchteten Tiere müssen gemeldet werden.

Singvögel

Eine Aufzählung auch nur der wichtigsten Vögel und ihrer Bedeutung in der Ökologie eines Gartens würde den Rahmen dieses Buches sprengen. Daher werden hier nur einige grundsätzliche Aspekte angeführt.

Die meisten einheimischen Singvögel benötigen natürliche Hecken und Sträucher, deren Früchte (z. B. von Holunder, Weißdorn, Wildkirsche, Eberesche, Pfaffenhütchen) ihnen im Winter als Nahrung dienen. Besonders wichtig ist es, dass einheimische Sträucher in einem Garten gepflanzt werden. Die beliebte Forsythie z. B. ist zwar im Frühling schön anzusehen, bietet aber nur einer einzigen Vogelart Nahrung, während die Eberesche mit ihren Früchten etwa 80 Vogelarten über den Winter hilft.

Im Frühjahr gehen viele Vögel (z. B. **Amseln**, **Drosseln** und **Stare**) auf Schneckenjagd. Oft sieht man die Amseln stundenlang eifrig im Boden und Laub scharren. Dabei entgeht ihnen kein Gelege mit leckeren Schneckeneiern oder schlüpfenden Jungschnecken. Man kann beobachten, wie die Vögel mit einer Nacktschnecke im Schnabel den Kopf auf den Boden senken und im Gras kräftig hin und her streichen, vermutlich um den Schleim abzustreifen.

> Die Schnecken, die früh im Jahr gefressen werden, erhalten erst gar keine Chance, sich zu vermehren.

Ärgern Sie sich also nicht, wenn Ihnen Amseln oder Drosseln mal das Laub von der Hecke auf den Weg scharren, sondern freuen Sie sich, dass die Vögel dabei so eifrig nach Futter suchen und damit auch viele Schnecken vertilgen.

Man findet manchmal an Waldrändern oder auf Lichtungen so genannte Schneckenschmieden (auch **Drosselschmiede** oder Elsterschmiede genannt). Dies sind Baumstümpfe oder große Steine, um die ringsherum allerlei Trümmer und Bruchstücke von Schneckenhäusern verstreut liegen. Die Drosseln benutzen den Baumstumpf als Amboss, um darauf die Gehäuse von Schnecken aufzubrechen, um die Weichteile zu verzehren.

Wer noch mehr für den Vogelschutz tun möchte, richtet eine Vogeltränke und ein Vogelbad ein. Auch auf geeignete Nistmöglichkeiten (Bäume, Sträucher) sollte geachtet werden. Stare lassen sich mit Nistkästen anlocken.

Viele weitere Vogelarten ernähren sich gelegentlich oder häufiger von Schnecken. Dazu gehören u. a. Tauben, Möwen, Bussarde, Würger, Neuntöter, Kiebitze, Störche, Kraniche, Elstern und Krähen. Auch Fasane, Hühner und Enten (zu Laufenten weiter unten mehr) fressen Gehäuseschnecken sowie kleinere Nacktschnecken. Selbst von einigen Eulenarten ist bekannt, dass sie große Mengen an Nacktschnecken vertilgen können.

Käfer

Igel, Kröten oder Drosseln als Schneckenjäger sind allgemein bekannt. Dass auch Käfer wichtige Schneckenfeinde sind, davon hat selbst manch erfahrener Gärtner noch nie gehört.

Einige Käferarten aus den Familien der **Laufkäfer,** der Aaskäfer und der Weichkäfer vertilgen Schneckeneier und sogar kleine Schnecken. Einige Arten der Gattung *Cychrus* ernähren sich fast ausschließlich von Schnecken. Insbesondere die Laufkäfer können somit zur Entschärfung der Schneckenproblematik beitragen, da sie als große Räuber gelten. Jeder Hobbygärtner sollte diese Tiere und ihre Larven kennen und schützen. Laufkäfer fliegen nur selten und einige Arten sind sogar flugunfähig. Wie ihr Name andeutet, sind sie mit ihren langen kräftigen Laufbeinen meist recht flott zu Fuß unterwegs. Viele Arten zeigen einen metallischen Schimmer. Man bemerkt sie oft, wenn sie durch die Arbeit im Garten aufgestört werden und dann hurtig ein neues Versteck suchen.

Laufkäfer

Schon die Namen mancher Arten wie Raupentöter oder Puppenräuber weisen auf die räuberische Lebensweise hin. Diese Käfer werden z. T. bis über 4 cm groß und sind in der Lage, Beutetiere mit ihren scharfen Mundwerkzeugen zu töten. Mit Hilfe eines Verdauungssekrets wird die Beute dann aufgeweicht und zum größten Teil von den Käfern aufgesaugt.

Die attraktiven Käfer vertilgen nicht nur Schnecken, sondern auch eine Vielzahl anderer weniger erwünschter Gartenbewohner. Sie jagen z. B. Drahtwürmer, Larven, Engerlinge und sogar die hart gepanzerten Kartoffelkäfer. Ein einziger Käfer kann dabei pro Tag das 13fache seines eigenen Körpergewichts an Raupen vernichten. Insbesondere der mit seinem goldgrünen Körper sehr hübsche Goldlaufkäfer oder Goldschmied (*Carabus auratus*) und die Goldleiste (*Carabus violaceus*) sind eifrige Schneckenvertilger. Auch der bei uns häufige und bis etwa 4 cm große Lederlaufkäfer (*Carabus coriaceus*) geht auf die Jagd nach Nacktschnecken.

Mundwerkzeuge eines Laufkäfers

Die so genannten **Schaufellaufkäfer** sind sogar durch ihre Körperform speziell auf Schnecken als ihre Beutetiere spezialisiert. Durch einen verkleinerten Kopf gelingt es den Käfern, in ein Schneckenhaus einzudringen und mit speziellen schaufelförmigen, weit vorragenden Mundwerkzeugen (Mandibeln) sind sie in der Lage, den weichen Schneckenkörper zu greifen und herauszuziehen. Mit einem Verdauungssekret beträufelt, verflüssigt sich der Schneckenkörper und wird von den Käfern aufgeschlürft.

Bei manchen Laufkäferarten benötigt ein einziges Individuum pro Jahr bis zu 400 Raupen oder kleine Schnecken als Nahrung. Können Sie sich vorstellen, welchen nützlichen Dienst diese Tiere in Ihrem Garten völlig kostenlos verrichten?
Wer aus Unwissenheit auf alles drauftrampelt, was in seinem Garten krabbelt, darf sich nicht wundern, wenn Schädlinge zum Problem werden.

Die Schleimabsonderung, mit denen sich Schnecken gegen ihre Feinde zu wehren versuchen, ist für Laufkäfer kein Problem. Leider gelangen die Laufkäfer auf der Suche nach Nahrung oder Unterschlupfmöglichkeiten oft über Lichtschächte in Kellerräume und gehen dann zugrunde. Einen hilflosen Laufkäfer aufzunehmen und wieder in den Garten zu setzen, ist eine kleine Mühe, die sich bestimmt lohnt.

Auch die **Weichkäfer**, von denen es bei uns etwa 70 Arten gibt, gelten als nützliche Räuber im Garten. Ihr Name kommt von der im Vergleich zu anderen Käfern eher dünnen Chitinpanzerung ihres Körpers. Wegen der an alte Uniformen erinnernden roten, schwarzen oder gelben Färbung von Flügeldecken und Halsschild kennt man einige Arten auch unter der Bezeichnung Soldatenkäfer oder Franzosenkäfer.

Weichkäfer

Die erwachsenen Weichkäfer mit ihren langen Fühlern findet man im Sommer oft auf den Blütenständen von Doldenblütlern, während die gefräßigen Larven am Boden leben und sich überwiegend von Schnecken ernähren.

Die Larven der nahe mit den Weichkäfern verwandten **Leuchtkäfer** sind ebenfalls eifrige Schneckenjäger. Während die als Glühwürmchen bezeichneten erwachsenen Tiere nur selten Nahrung aufnehmen, packen ihre Larven Nackt- oder Gehäuseschnecken mit ihren

Mandibeln und töten sie durch einen Biss mit giftigem Sekret. Die Larven benötigen für ihre Entwicklung im Boden etwa drei Jahre und leben in dieser Zeit fast ausschließlich von Schnecken.

> Leere Schneckengehäuse können den nützlichen Larven der Glühwürmchen als Platz zum Überwintern dienen.

Gäbe es einen Wettbewerb um des Gärtners beste Mitstreiter im Kampf gegen die Schnecken, so wären die ersten Plätze den Laufkäfern, Weichkäfern und Leuchtkäfern sicher.

Sonstige Insekten und Gliedertiere

Selbst einige Arten von **Fliegen** helfen bei der Schneckenbekämpfung. Sie legen ihre Eier auf Nackt- oder Gehäuseschnecken ab, welche dann von den schlüpfenden Larven aufgefressen werden.

Weberknechte leben versteckt, man bemerkt sie weniger im Garten, als wenn sie ins Haus gelangen. Sie bauen meist keine Netze, sondern leben räuberisch von kleinen Insekten. Einige Arten gehen auch auf die Jagd nach Schnecken.

Tausendfüßer und **Hundertfüßer** verzehren u. a. Schneckeneier und kleine Jungschnecken.

Maulwurfsgrillen oder Werren gelten mancherorts als Schädlinge, weil sie beim Graben im Boden Wurzeln anfressen oder beschädigen. Die Maulwurfsgrille ernährt sich jedoch hauptsächlich von Insekten und Schnecken. Man sollte sich daher über diese urtümlichen Geschöpfe in seinem Garten freuen. Eine Bekämpfung ist meist erst dann notwendig, wenn die Tiere in Massen auftreten, was ohnehin nur in wärmeren Regionen möglich ist.

Laufenten

Obwohl sie weder ein Wildtier noch einheimisch ist, muss an dieser Stelle die **Indische Laufente** erwähnt werden. Diese kleine, pflegeleichte und aufrecht watschelnde Entenrasse aus Asien ist besonders auf den Schneckenfang spezialisiert. Die Tiere fallen auf durch ihren langen Hals und ihren aufrechten Gang in einer erstaunlich steilen und eleganten Körperhaltung, die sich vom Gewatschel anderer Enten deutlich unterscheidet.

Laufenten ernähren sich mit Vorliebe von Schnecken und vertilgen bis zu 100 Stück pro Tag. Da sie über einen ausgezeichneten Geruchssinn verfügen, stöbern die Enten die Nacktschnecken und deren Eier auch tagsüber in ihren Verstecken auf. Ein Paar Laufenten kann leicht einen ganzen Garten schneckenfrei halten.

Die sehr genügsamen Tiere können auch im Winter draußen gehalten werden und benötigen während des Sommers zweckmäßigerweise einen Auslauf um den Garten herum. Ihr Einsatz ist eher auf größeren Grundstücken sinnvoll, wo man den Enten auch einen kleinen Teich oder eine Wasserstelle als Badeplatz und Tränke bieten kann. Zusätzlich zu der Unterstützung bei der Schneckenbekämpfung erhält man pro Ente bis zu 20 Eier im Monat.

> *„... nur die Klagen meiner Nachbarin über Schneckenfraß haben mich überzeugt, dass es überhaupt noch Nacktschnecken gibt."*
> (ein Laufenten- und Gartenbesitzer aus Augsburg)

Für Besitzer kleinerer Gärten ist eine dauerhafte Haltung von Laufenten oft nicht zweckmäßig. Aber es gibt auch andere Möglichkeiten: Bei dem Laufentenprojekt der Stadt Wien z. B. können Interessierte während des Sommers Laufenten tage- oder stundenweise mieten. „Könnte dies nicht eine nachahmenswerte Idee für Kleingartensiedlungen oder Schrebergartenvereine sein?", so formulierten wir noch in der ersten Auflage dieses Buches. Das Projekt aus Österreich wurde zwischenzeitlich mit einem europäischen Umweltpreis ausgezeichnet und mittlerweile findet man auch bei uns Inserate in Gartenzeitschriften, wo Laufenten zum Mieten angeboten werden.

Laufentenhalter stehen jedoch Projekten à la „Rent an Ent" (Mieten Sie eine Ente) skeptisch gegenüber und warnen davor, Laufenten als Schneckenpolizei zu missbrauchen. Die Tiere benötigen wie alle Haustiere fachgerechte Pflege und eine artgerechte Haltung. Sie sollten niemals als Einzeltier, sondern nur in kleinen Gruppen (mindestens ein Pärchen) gehalten werden. Der Garten muss komplett eingezäunt sein, erstens damit die Laufenten nicht ihrem Namen alle Ehre machen und abdüsen und zweitens als unbedingt notwendiger Schutz gegen Hunde, Füchse und Marder. Insbesondere für Entenküken sind auch Habichte und Elstern gefährlich, so dass man bei einer Zucht schon sehr aufpassen muss oder die Tiere besser zeitweise in einer Voliere hält.

Laufenten - eifrige Schneckenvertilger

Gegen ein kurzzeitiges Verleihen von Enten spricht auch, dass die Tiere recht lange brauchen, bis sie sich an eine neue Umgebung gewöhnt haben. Das stunden- oder tageweise Vermieten zum Schneckenfang in fremden Gärten ist daher nicht unumstritten und keinesfalls eine Methode, um den Garten auf die Schnelle schneckenfrei zu bekommen. Dazu kommt, dass die Laufenten neben den Schnecken auch Nützlinge vertilgen und sich über den Salat (weniger über Gemüse) hermachen.

> Eine langjährige Züchterin von Laufenten empfiehlt:
> *„Am einfachsten ist es, die Tiere im Herbst anzuschaffen, sie dann durch den ganzen Garten laufen zu lassen und im Frühjahr nach der Aussaat eine Zeitlang einen Zaun um die Beete zu tun, bis die Pflanzen so 10 Zentimeter hoch sind oder die Enten in dieser Zeit in einem extra Gehege zu halten."*

Man darf die Enten keinesfalls ausschließlich mit Schnecken füttern oder ihnen gar schüsselweise gesammelte Schnecken aus der Nachbarschaft hinstellen. Dabei können nicht nur die Schnäbel verschleimen und verkleben, junge Enten können an großen Wegschnecken sogar ersticken.

Interessenten finden Züchter in allen deutschen Bundesländern sowie in Österreich und der Schweiz. Auskünfte gibt auch ein Sonderverein der Laufentenzüchter Deutschlands (*s. Anhang*). Nach Auskunft dieses Vereins werden im Internet und auf Märkten oft Tiere angeboten, die keine reinen Laufenten sind, sondern mit anderen Rassen gekreuzt, so dass man sich besser an einen langjährigen Züchter wenden sollte.

Auch andere Entenarten wie die Pekingente, die häufigste Form der Hausente, Hühner und Wachteln fressen Schnecken, leider aber auch das Gemüse, welches sie schützen sollen. Man darf die Tiere also nur zeitweise in den Garten lassen. Wenn das Gelände groß genug ist, kann man den Gemüsegarten im mittleren Teil anlegen und Laufenten oder Hühner um dieses Areal herumlaufen lassen. Dann ist die natürliche Einwanderung von Nacktschnecken verhindert und eine einmal dezimierte Schneckenpopulation wird sich bei Beachtung einiger Tipps und Tricks kaum wieder erholen.

Enten werden auch in anderen Erdteilen zur Schneckenbekämpfung eingesetzt. Auf den Philippinen kämpfen die Reisbauern gegen Schnecken, welche ihre Felder abfressen. Statt ökologisch bedenkliche Pestizide einzusetzen, wurde von der Weltbank ein Projekt gefördert, bei dem Enten gegen die Schneckenplage eingesetzt werden. So werden nicht nur giftige Chemikalien vermieden, die Enten düngen gleichzeitig die Felder und legen dazu noch Eier.

Alle bisher genannten Maßnahmen gehören zur so genannten **biologischen Schädlingsbekämpfung**, welche Schädlinge nicht durch den Einsatz von Giftstoffen, sondern durch eine gezielte Förderung der natürlichen Feinde bekämpft. Es gibt im Gartenbau mittlerweile eine Vielzahl geeigneter Methoden zur Förderung von weiteren Nützlingen wie Florfliegen, Schlupfwespen oder Raubmilben, die auch von Hobbygärtnern angewendet werden können. Weitere Auskünfte geben Naturschutzorganisationen oder Gärtnereien.

Fangen, Locken, Ködern ...

Absammeln

Wenn frühmorgens oder bei feuchtem Wetter die Nacktschnecken in Massen zu sehen sind, kann man sie leicht mit der Hand in einen Eimer absammeln. Mit etwas Geschick werden Sie bald den ‚Blick' für die Schnecken und ihre Schlupflöcher entwickeln. (Ein Tipp: Verfolgen Sie die Schleimspuren und die Kothäufchen!) Wem das Anfassen wegen des klebrigen Schleims unangenehm ist, der kann einfache Plastikhandschuhe oder einen alten Löffel benutzen. Im Gartenfachhandel sind spezielle Schneckengreifer erhältlich, eine alte Grillzange leistet ebenso gute Dienste. Die großen Roten Wegschnecken sind meist leicht zu finden. Man sollte jedoch unbedingt auch die ganz kleinen Schnecken und die Schneckeneier absammeln.

Gewöhnlich kommen die nachtaktiven Schnecken erst abends in der Dämmerung aus ihren Verstecken, wo sie vor der Tageshitze geschützt sind. Wegen der hereinbrechenden Dunkelheit wird das Suchen der Schnecken selbst mit einer Taschenlampe schnell sehr mühsam. Einfacher ist das Sammeln daher morgens, sobald es hell wird und bevor sich die Schnecken wieder verkrochen haben. Leicht zu finden sind die Schnecken an schattigen Plätzen, wo sie auch bei trockener Witterung Unterschlupf finden. Die Ausbeute ist besonders groß, wenn es nach mehreren trockenen Tagen zu regnen beginnt und die Schnecken ausgehungert ihre Verstecke verlassen.

> Besonders wichtig ist das Absammeln der Schnecken im Frühjahr, noch bevor sie Gelegenheit haben, ihre Eier abzulegen.

Beginnt man mit dem Absammeln, kann man am ersten Morgen je nach Größe des Gartens oft einige Hundert Schnecken der verschiedensten Arten und Größen finden. An den folgenden Tagen findet man dann immer weniger Exemplare. Wenn täglich konsequent weitergesammelt wird, kann man das Schneckenproblem nach einiger Zeit in den Griff bekommen. Auch wenn sich die tägliche Ausbeute deutlich verringert, sollte man unbedingt weitersammeln. Die Invasion neuer Schnecken und die hohe Vermehrungsrate sorgen ständig für Nachschub der gefräßigen kleinen Schleimmonster. Auch während der Gartenarbeit findet man manchmal Schnecken oder Schneckeneier, die man sofort vernichten kann. Dabei sollte man jedoch darauf achten, die kleinen weißen Schneckeneier auf keinen Fall mit den größeren Eiern von Eidechsen zu verwechseln. Schneckeneier liegen immer an feuchten Stellen, während die Eier von Eidechsen eher trocken liegen.

Brettfallen

Um unnötige Bodenverdichtung zu vermeiden, legen viele Gärtner Bretter zwischen die einzelnen Beete, auf denen man bei der Gartenarbeit laufen und stehen kann, ohne die Beete zu betreten. Da diese Bretter an der unteren Seite ständig feucht bleiben, fangen sie mit der Zeit an zu faulen und bieten den Schnecken ein ideales Tagesversteck. Dreht man diese Bretter herum, findet man oft überraschend viele Nacktschnecken, die man einfach absammeln kann.

Unterseite einer Brettfalle

Diese Fangmöglichkeit kann man konsequent nutzen und überall an geeigneten Stellen Holzbretter auslegen (im Gemüsegarten nur nicht-imprägniertes Holz verwenden). Neben Holz eignen sich für solche künstlichen Unterschlupfmöglichkeiten auch Karton oder Wellpappe. Insbesondere in Winkeln und unter Sträuchern leisten Dachziegel oder größere Rindenstücke gute Dienste. Einige Tage lang kann man sogar große Blätter (z. B. Rhabarberblätter) verwenden. Je nach Verfügbarkeit lassen sich auch nicht verwendbare Salatköpfe oder ausgehöhlte Früchte auslegen. Selbst unter feuchten Säcken oder Tüchern kann man Schnecken finden, wobei jedoch das Absammeln etwas schwieriger werden kann.

Bei regelmäßiger Kontrolle sind die Brettfallen eine der erfolgreichsten Methoden zur Schneckenbekämpfung. Die Bretter sollten das ganz Jahr über (auch im Winter) auf dem Erdboden liegen bleiben. Dann lassen sich schon an milden Frühlingstagen viele Schnecken ablesen und eine Massenvermehrung frühzeitig verhindern. Auch unter den Plastikfolien, mit denen im Frühling oft die keimende Saat abgedeckt wird, sammeln sich die Schnecken gerne. Im Herbst findet man beim Absuchen häufig auch Dutzende von Schneckeneiern unter den Brettern. Ein Absuchen spät im Jahr lohnt sich also unbedingt im Hinblick auf die nächste Gartensaison.

Köderpflanzen

Besonders im Frühjahr eignen sich bestimmte Fang- oder Köderpflanzen zum Absammeln von Schnecken. Fangpflanzen sind Pflanzen, die im Frühjahr, wenn es im Garten noch wenig frisches Futter für die Schnecken gibt, gerne als Fressplatz und als Versteck genutzt werden. Dazu gehören z. B. die blaue Flockenblume, die Sonnenbraut oder der Sonnenhut, deren frische Triebe besonders anziehend auf Schnecken wirken. Auch die Blätter abgeblühter Schneeglöckchen werden gerne angenommen, wenn sie büschelweise auf dem Boden liegen. Aussortierte Salatsetzlinge sind ebenfalls geeignet. Später im Jahr eignen sich Mariendisteln, Tagetes-Arten (Studentenblumen) oder Herbstastern (Dahlien), allesamt Lieblingsfutterpflanzen der Schnecken. Sinnvoll ist es, zuerst Pflanzen bewusst als Köderpflanzen zu verwenden und danach diejenigen Arten auszupflanzen, deren Blumenschmuck man später genießen möchte.

Beobachten Sie in Ihrem Garten selbst, welche Pflanzen besonders gerne von den Schnecken angenommen werden und wo sie sich zu ihren nächtlichen Fraßgelagen treffen. Sie werden sehr schnell feststellen, wo sich die Schnecken morgens in Ihrem Garten am besten absammeln lassen. Auch für die Köderpflanzen-Methode ist das zeitige Frühjahr die beste Zeit für eine effektive Bekämpfung. Nach der langen Winterruhe ist die Auswahl an frischem Grün für die ausgehungerten Schnecken noch nicht allzu groß und es ist recht einfach, sie mit geeigneten Fangpflanzen anzulocken.

Lockfutter - auch für andere Schädlinge

Den meisten Ärger bereiten die Schnecken dem Gärtner, wenn er im Frühjahr die ersten zarten Salat- und Gemüsepflanzen aussetzt. Oft durch Glasfenster oder Plastikfolien geschützt, fühlen sich die Schnecken dann besonders wohl. Die zarten jungen Pflänzchen sind für sie offensichtlich eine Delikatesse und sie fressen über Nacht oft ganze Beete mit Jungpflanzen ab. Nachpflanzen hilft nicht viel, denn die neuen Pflänzchen werden meist ebenso schnell abgefressen. Schon mancher Gärtner hat bei solchem Ärger die Lust am Garten verloren oder in seiner Verzweiflung zu radikalen Maßnahmen wie Schneckenkorn gegriffen.

In der Regel verrichten die Schnecken ihr zerstörerisches Werk nicht allein, sondern werden kräftig durch die gelben **Drahtwürmer** oder die grauen **Tipula-Larven** unterstützt. Drahtwürmer sind die Larven der Schnellkäfer und fressen gerne von unten die zarten Wurzeln der neuen Pflänzchen ab. Tipula-Larven, aus denen nach ihrer Verpuppung Wiesenschnaken werden, fressen den Salat unmittelbar am Wurzelhals ab. Die Blätter bleiben meistens liegen und welken. Wenn man in unmittelbarer Nähe solcherart abgefressener Pflänzchen mit einem Stöckchen im Erdboden sucht, findet man den Übeltäter meist schnell.

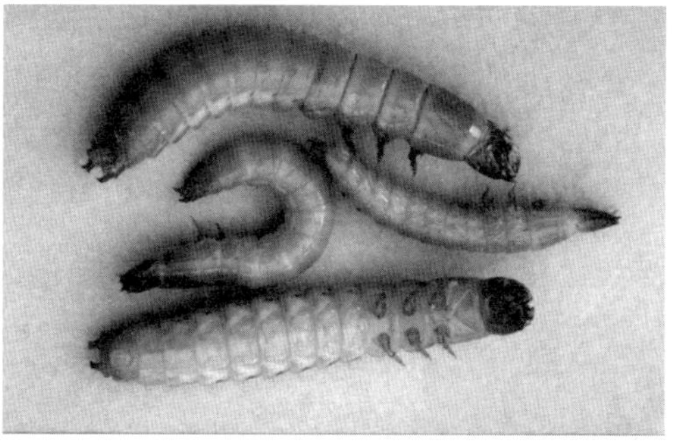

Drahtwürmer, die Larven des Schnellkäfers

Die **Rübenscheiben-Methode**: Zur Bekämpfung der Drahtwürmer und Tipula-Larven gibt es eine altbewährte Methode, die schon von der Generation unserer Großeltern angewandt wurde. Pflanzen Sie jedes Jahr einige Runkelrüben in Ihren Garten und düngen sie diese kräftig, damit sie auch recht dick werden. Vereinzelt werden Runkelrüben noch in der Landwirtschaft als Futter für Rindvieh oder Wild angebaut. Wenn Sie im Frühjahr Ihr erstes Gartenbeet hergerichtet haben, schneiden Sie die Rüben längs in etwa 1,5 bis 2 Zentimeter dicke Scheiben und verteilen diese gleichmäßig und leicht angedrückt auf das fertige Beet.

Durch den Geruch der frischen Rüben werden dann nicht nur die Schnecken angezogen, sondern auch die Drahtwürmer und die Schnakenlarven. Diese haben im Erdboden überwintert und stürzen sich jetzt hungrig auf die erste pflanzliche Nahrung. Am nächsten Morgen drehen Sie die Rübenscheiben herum und lesen sämtliche Schädlinge gründlich ab.

Tipula-Larven, die Jugendstadien der Wiesenschnake

Achten Sie bei dieser Methode besonders auf die kleineren Schnecken, die man ansonsten nicht so leicht finden kann, die aber auf den hellen Rübenscheiben deutlich zu erkennen sind. Die gleichen Scheiben legen Sie dann auf dem gleichen Beet, aber an anderen Stellen, noch ein zweites oder drittes Mal aus. Spätestens nach der vierten Nacht haben Sie die allermeisten Schädlinge erwischt und Sie können das Beet nun bepflanzen. Die Rübenscheibchen lassen Sie einfach zwischen den Salatpflanzen liegen, um neu einwandernde Schnecken wegzufangen. Da die großen Rübenscheiben intensiver riechen als die Jungpflanzen, stürzen sich Schnecken und andere Schädlinge zunächst auf die Rübenscheiben, die ihnen überdies tagsüber einen vermeintlich sicheren Unterschlupf bieten.

Sind keine Rüben zur Hand, können auch große **Kartoffelscheiben** nach der gleichen Methode eingesetzt werden. Ihr Duft zieht ebenfalls die Schnecken an. Wenn später im Frühjahr der erste Rhabarber geerntet wird, sollten die großen **Rhabarberblätter** nicht sofort weggeworfen werden. Auch sie eignen sich – solange sie nicht eingetrocknet sind – hervorragend zum Fangen von Schnecken. Legen Sie die Blätter einfach auf das Beet, wo Sie Schneckenfraß befürchten, und sammeln Sie die Schnecken am nächsten Tag von der Unterseite der Blätter ab. Diese Methode ist einfach, ungiftig und äußerst wirksam. Als **Ablenksaat** gegen Schnecken werden außerdem Gartenkresse und Gelbsenf empfohlen. An solchen Schneckenfutterstellen können die Tiere ganz einfach abgelesen werden.

> Jeder Köder, der nicht konsequent abgesammelt wird, führt eher zu einer Zunahme der Schneckenpopulation.

In ähnlicher Weise lässt sich dieses Weglock-Prinzip auch bei anderen Gartenschädlingen anwenden. So ziehen z. B. die von Gärtnern gefürchteten gefräßigen Raupen des Kohlweißlings vielfach die Kapuzinerkresse dem Kohl als Futterpflanze vor.

Neben diesen Lock- und Ablenkmethoden, die auf Produkten aus dem eigenen Garten beruhen, kursieren diverse Rezepte für spezielle künstliche Schneckenköder, wo z. B. Hunde- oder Katzenfutter mit Weizenkleie gemischt werden und anderes mehr. Dem Experimentieren mit den Lieblingsspeisen der eigenen Schneckenpopulation vor Ort sind kaum Grenzen gesetzt. Man sollte jedoch bei allzu aufwendigen selbst hergestellten Schneckenködern nicht das Verhältnis von Kosten und Aufwand zum Nutzen aus den Augen verlieren.

Wie bringe ich die „Biester“ um?

Ob Brettfallen oder Köderpflanzen, das Absammeln ist zwar keine angenehme Tätigkeit, zumindest mit Handschuhen oder Greifzange aber gut zu bewerkstelligen. Das Problem beginnt bei vielen Gärtnern, wenn sie nun mit einem Gefäß voller Schnecken im Garten stehen und nicht recht wissen, was sie mit den Biestern tun sollen.

Wer Hemmungen hat, die Tiere zu töten, dem bleibt nur, sie an einen Ort zu bringen, wo sie keinen Schaden anrichten. Die Tiere einfach über den Gartenzaun zu werfen, ist keine kluge Idee, denn die Tiere sind schnell wieder zurück. Man muss die Schnecken schon ein Stück weit wegbringen und z. B. an einem Waldrand, an einem Bachufer oder auf einer Brachfläche freilassen. Der Platz sollte nicht gerade in der prallen Sonne liegen. Ebenso sollte es selbstverständlich sein, dass man die eingesammelten Schnecken nicht in der Nähe von anderen Gärten, landwirtschaftlichen Kulturen, Spielplätzen oder Friedhöfen aussetzt. Auf keinen Fall sollte man gesammelte Schnecken in den Mülleimer oder in die Toilette schütten.

Es hat nicht jeder Gärtner Lust und Muße, die lästigen Schnecken auch noch durch die Gegend zu fahren und ihnen ein neues Zuhause zu suchen. Da die Nacktschnecken vielerorts zur Plage geworden sind, ist es auch erlaubt, sie zu vernichten. Man sollte jedoch eine schonende Methode wählen. Das Bestreuen mit Salz gehört sicher nicht dazu, da die Schleimhäute der Tiere dadurch verätzt werden und die Schnecken einen langsamen, qualvollen Tod sterben.

Ein schneller Tod ohne unnötiges Leiden erfolgt durch Zerhacken oder Zerschneiden der Schnecken, dies ist aber nicht jedermanns Sache. Auch das Übergießen mit kochendem Wasser in ausreichender Menge führt zu einem schnellen Tod. Nach Abkühlung kann man die toten Schnecken dann mit viel Wasser auf den Kompost schütten und wegen des unangenehmen Geruchs mit Kompostmaterial abdecken. Vielleicht gibt es in der Nähe einen Hühnerhalter, der sich über kostenloses frisches Futter freut. Sehr dicke Schnecken werden von den Hühnern jedoch weniger gern gefressen.

Sammelausbeute

Handwerklich begabte Gärtner haben bisweilen eigene Lösungen entwickelt. Als **Schneckenstecken** bezeichnet man eine Konstruktion, bei der am Ende eines Stocks oder Besenstiels eine Klinge befestigt ist. Die Klinge kann z. B. aus einem V-förmig gekeilten Stück rostfreiem Blechs bestehen, welches an den Rändern entsprechend angefeilt wird. Mit einem solchen Hilfsmittel muss man sich beim Schneckenfang nicht mal bücken. Durch die V-Form kann die Schnecke nicht zur Seite glitschen und wird sauber und schnell zerteilt.

Schneckenfeindliche Gartengestaltung

Schon bei der Anlage und Pflege eines Gartens kann man einige Aspekte beachten, die es den Schnecken zumindest etwas schwerer machen, sich wohl zu fühlen und auszubreiten:

Ein wenig ‚Wildnis' darf sein: Räumen Sie Ihren Garten nicht zu sehr auf. Lassen Sie bei aller berechtigten Ordnungsliebe im Hintergrund, am Zaun oder Komposthaufen ruhig mal ein Eckchen mit etwas groben Gartenabfällen, Steinen oder Holzresten ein wenig verwildern. Hier können sich nützliche Gartenhelfer ansiedeln (*s. das Kapitel über die Schneckenfeinde*). In allzu sauber gepflegten Gärten, in denen Gemüsepflanzen auf ansonsten nackten Beeten in Reih und Glied bis an den Zaun wachsen, gibt es für Spitzmäuse und Laufkäfer keinen Platz. Wenn dann noch ein enger Maschendraht bis an den Boden reicht oder gar ein Mäuerchen das Gelände begrenzt, können sich Igel und Kröten kaum einfinden.

Vorsicht beim Kompost: Seien Sie behutsam beim Abtragen oder Umsetzen des Komposthaufens. Besonders die warmen und sonnigen Stellen werden gerne von Igel, Spitzmaus, Blindschleiche und Eidechsen als Kinderstube genutzt. Auf Störungen bei Brut oder Jungenaufzucht können die bei der Schneckenbekämpfung so nützlichen Tiere empfindlich reagieren.

Gewässer ziehen Nützlinge an: Legen Sie nach Möglichkeit einen Teich in Ihrem Garten an. Ein gesundes, gut bepflanztes Gewässer wird viele natürliche Schneckenfeinde wie Frösche, Kröten, Blindschleichen und Vögel anziehen. Der Teich sollte aber unbedingt auch flache Ufer besitzen. Obwohl sie schwimmen können, sterben jedes Jahr viele Igel (und andere Tiere) durch Ertrinken in Gartenteichen, da sie es nicht schaffen, an steilen und glatten Wänden hochzuklettern.

Die Anlage von Nistkästen, Trockenmauern und Steinhaufen lockt weitere Nützlinge an. Je naturnaher ein Garten gestaltet ist, desto eher werden sich Schneckenfeinde ansiedeln.

Beschränkter Erfolg mit Rasenstreifen: Bisweilen wird empfohlen, einen drei bis vier Meter breiten Rasenstreifen außen um gefährdete Beete herum stehen zu lassen. Wenn dieser Rasen dann regelmäßig kurz geschnitten werde, stelle er eine natürliche Barriere für Schnecken dar. Da ist etwas Wahres dran, aber abgesehen davon, dass eine derartige Gestaltung nur auf sehr großen Gartenflächen möglich ist, verliert jeder Rasen spätestens bei feuchtem Wetter seine abwehrende Wirkung. Außerdem gehört ein kurz geschorener Rasen eher auf den Sportplatz als in einen naturnahen Garten. Wenn man jedoch die Möglichkeit hat, auf einem Rasenstreifen um den Gemüsegarten herum Geflügel, vielleicht sogar Laufenten zu halten, kann dies das Schneckenproblem deutlich verringern.

Den Schnecken den Appetit verderben: Man sollte nicht vergessen, dass Schnecken keine Allesfresser sind und einige Pflanzen verschmähen. Vermutlich haben diese Pflanzen gewisse Inhaltsstoffe, die den Schnecken nicht schmecken und sie vom Fraß abhalten. Dazu gehören viele attraktive Arten wie z. B. Lavendel, Pfingstrosen, Phlox, Fetthenne, Frauenmantel, Kapuzinerkresse, Nachtkerze, Ringelblumen, die meisten Nelkenarten, Farne und viele andere mehr.

> Selbst in schlimmen Schneckenjahren oder wenn man mal nur wenig Zeit für den Garten findet, gibt es immer einige Möglichkeiten, sich trotz der Schneckenplage an einer Fülle von Blumen und Kräutern zu freuen.

Es kursieren viele Listen mit einer Aufzählung von solchen Schnecken-unempfindlichen Arten gegenüber den Arten, die von den Schnecken besonders gemocht werden und als Köder oder Ablenksaat benutzt werden können (*s. o.*). Auch wenn diese Listen nicht immer widerspruchsfrei sind und was den Schnecken im einen Garten zu schmecken scheint, in einem anderen eher verschmäht wird, lohnt es sich, die eigenen Beobachtungen festzuhalten und bei der Planung des nächsten Gartenjahres zu beachten.

Bierfallen

Bierfallen wurden früher als Geheimtipp zur Schneckenbekämpfung genannt, heute ist dies oft das Erste, was Gärtnern zum Thema Schneckenbekämpfung einfällt. Bierfallen nennt man kleine Gefäße, die ebenerdig in den Boden eingegraben und mit Bier gefüllt werden. Durch den Geruch des verdunstenden Bieres werden Schnecken angezogen, fallen in den Behälter und ertrinken. Vermutlich spielen Lähmungserscheinungen im ‚Vollrausch' dabei eine Rolle. Um die Schnecken mit ‚Freibier' zu locken, muss unbedingt richtiges Bier verwendet werden, durch alkoholfreies Bier oder Malzbier werden die Schnecken nicht angezogen.

Als Bierfallen können einfache Plastikbecher oder -schälchen (z. B. von Jogurt, Quark oder Margarine) verwendet werden. Die Gefäße sollten glatte Wände haben. Besser sind allerdings Bierfallen mit einem Dach, z. B. einem mit Draht befestigten überstehenden Plastikdeckel. Je mehr Dreck, Laub und Regenwasser in die Bierfallen gelangen, desto eher können sich die hereingefallenen Schnecken retten. Fertige Bierfallen sind auch im Gartenfachhandel erhältlich.

> Mancher Gärtner, der es mit Bierfallen versucht hat,
> kauft heute seinen Salat auf dem Markt
> und trinkt das Bier lieber selber.

Leider ist die Bierfallenmethode nicht ganz so optimal wie ihr Ruf und alles andere als eine Wunderwaffe gegen Nacktschnecken. Diese Bekämpfungsmethode kann auch mehr schaden als nutzen, denn ihr fallen auch viele andere Kleinlebewesen zum Opfer, z. B. die nützlichen Laufkäfer. Es kommt vor, dass man genauso viele Laufkäfer wie Schnecken erwischt hat, womit man durch die Dezimierung der Schneckenfeinde längerfristig das Schneckenproblem eher noch verschärft. Auch wäre es eine genaue Untersuchung wert, zu prüfen, inwiefern durch den Biergeruch die Schnecken womöglich erst noch von außerhalb in den Garten gelockt werden und man plötzlich mehr Schnecken auf den Beeten hat als ohne Bierfallen. Der Einsatz von Bierfallen ist daher eher in separaten Bereichen sinnvoll, z. B. wenn man ein Beet mit Jungpflanzen durch einen Schneckenzaun abgetrennt hat.

Bierfallen verunreinigen sehr schnell. Sie müssen regelmäßig gereinigt und mit frischem Bier aufgefüllt werden. Da mag es manchen Gärtner reuen, nach einem anstrengenden Arbeitstag den kühlen Gerstensaft mit seinen kleinen schleimigen Feinden zu teilen. Selbst in kleineren Gärten kann man im Sommer innerhalb weniger Tage eine ganze Kiste Bier verbrauchen.

Eine Kuriosität am Rande: Aus Großbritannien wurde über betrunkene Igel berichtet, die sich an Bierfallen gelabt hatten und dann angeblich über die Straße torkelten oder laut schnarchend im Gemüsebeet lagen.

Andere Fallensysteme arbeiten meist nach dem gleichen Prinzip wie die Bierfallen, manchmal werden auch größere Gefäße mit speziellen Lockmitteln verwendet.

Weil Bierfallen in den letzten Jahren in vielen Artikeln immer wieder als Erstes bei der Schneckenbekämpfung genannt wurden, sei aus der Sicht des Praktikers in aller Deutlichkeit gesagt: Trotz aller Versprechungen in Gartenzeitschriften und Prospekten sollte man sich klar machen, dass es **kein Patentrezept** zur Bekämpfung von Nacktschnecken gibt. Jeder Garten hat seine eigenen Bedingungen und nicht alle Methoden sind für jeden Garten und jeden Gärtner gleichermaßen zweckmäßig. Probieren Sie es selber aus und finden Sie heraus, welche Methoden für Ihre Pflanzen in Ihrem Garten und mit Ihren Möglichkeiten geeignet sind.

Wer alle oder möglichst viele der in diesem Buch genannten Methoden konsequent in seinem Garten durchführt, wird nicht unbedingt einen völlig schneckenfreien Garten haben. Dies zu prophezeien wäre unseriös. Die Anzahl der Schnecken lässt sich jedoch in den meisten Fällen so weit dezimieren, dass der von ihnen angerichtete Schaden toleriert werden kann. Wenn sich dann die schönsten Früchte, Salate und Gemüsesorten ernten lassen, macht auch das Gärtnern wieder so richtig Spaß.

Zäune und andere Barrieren

Schneckenzaun

Ein Schneckenzaun ist ein mechanisches Hindernis für Schnecken. Verschiedene Modelle aus verzinktem Blech, Kunststoff oder sogar Edelstahl sind im Fachhandel erhältlich (*s. Fotos*). Zäune aus Kunststoff sind handlicher und oft billiger, sie brechen jedoch leichter. Meist werden sie als Baukastensystem angeboten. Die Einzelteile lassen sich beliebig zusammensetzen und im Boden verankern. Mit einer besonderen Falz an der Oberkante, einer Art nach außen überhängenden und scharfen Kante ist der Zaun für die meisten Schnecken unüberwindbar.

Schneckenzaun Fa. Krämer

Geschickte Heimwerker können sich die einfachste Version eines Schneckenzauns selber herstellen. Ein etwa 20 cm breiter Streifen aus verzinktem Blech (möglichst scharfkantig) wird etwas mehr als rechtwinklig etwa 5 cm gebogen und mit dem längeren Teil in den Boden gesteckt. Der kurze gebogene Schenkel zeigt dabei vom Beet nach außen.

Eine Variante dieses Prinzips ist ein Schneckenzaun in Form einer mit Wasser gefüllten Rinne. Hier soll der Wassergraben – ähnlich wie beim Schutz von Burgen im Mittelalter – das Eindringen der Schnecken verhindern. Der Wasserstand muss regelmäßig überprüft und ggf. aufgefüllt werden, auch Verschmutzungen, z. B. durch Blätter, sind zu entfernen. Zu bedenken ist, dass diese Methode nur in ebenem Gelände funktioniert, denn die Wasserrinnen müssen genau waagerecht stehen.

In ein solchermaßen ‚eingezäuntes' Beet können keine Schnecken mehr von außen zuwandern. Die Schnecken innerhalb des Zauns müssen natürlich zunächst einmal konsequent entfernt werden. Dies kann einige Zeit dauern, insbesondere wenn schon Eier im Boden vorhanden sind. Ist der Garten dann einmal schneckenfrei und ringsherum mit Schneckenzaun umgeben, können so leicht keine neuen Schnecken mehr einwandern. Wer die Anschaffungskosten scheut, handwerklich geschickt ist und über die entsprechende Ausrüstung verfügt, kann einen Schneckenzaun auch selber herstellen.

Schneckenzaun Fa. Beckmann

Der Schneckenzaun bedarf der richtigen Handhabung und der richtigen Pflege. Wichtig ist, ihn gut einzugraben und fest im Boden zu verankern. Bisweilen hört man die Empfehlung, den Schneckenzaun zusätzlich mit Schmierseife einzustreichen, um den Schnecken das Erklimmen zu erschweren. Ein Erfolg scheint eher fraglich. Ein früher im Gartenfachhandel erhältliches **Antischneck-Gel** zum Bestreichen von Beeteinfassungen wird seit einigen Jahren nicht mehr hergestellt.

Man sollte nicht vergessen, dass Schnecken wahre Kletterkünstler sind. Wenn der Zaun z. B. im Frühjahr schnell zuwächst oder beim Arbeiten im Garten verbogen wird, kann jeder überhängende Grashalm und jedes über den Zaun hängende Blatt neuen Schnecken als Brücke dienen. Bedenken Sie auch, dass der Schneckenzaun nicht nur für die Schnecken, sondern auch für viele Nützlinge wie z. B. Kröten oder Laufkäfer ein unüberwindliches Hindernis darstellt.

Die Verwendung von Schneckenzäunen ist sinnvoll bei besonderen Problemfällen und kleinräumigem Einsatz, z. B. um ein Beet mit besonders gefährdeten Jungpflanzen. Ein Vorteil ist, dass die Schneckenzäune mobil sind und jederzeit an anderen Stellen im Garten eingesetzt werden können.

Eine größere Fläche ringsum mit einem Schneckenzaun einzufassen, bedarf einer sorgsamen Planung. Nicht nur, dass zunächst mal alle Schnecken und Schneckeneier im Inneren konsequent abgesammelt werden müssen, auch Zugangswege, etwa für Schubkarren, sind zu bedenken.

Sägemehl, Gerstenspreu und Holzasche

Da die Schnecken für ihre Aktivität und Mobilität ein gewisses Maß an Feuchtigkeit benötigen, kann man sie durch Ausstreuen sehr trockener Substanzen von gefährdeten Beeten abhalten. Um ganze Beete oder als ‚Kragen' um gefährdete Setzlinge und Jungpflanzen gestreutes Sägemehl, Gerstenspreu oder Asche wirken als **Wanderschranke** für Schnecken. Schnecken vermeiden es, einen trockenen und saugfähigen Untergrund zu überqueren, da sie dabei so viel Schleim produzieren müssten, dass die Gefahr der Austrocknung bestünde. Jede Störung ihres empfindlichen Wasserhaushaltes schwächt die Schnecke.

Andere **trockene Materialien**, die von Gärtnern bisweilen empfohlen werden, sind Sand, Steinmehle, Algenkalk oder gehäckseltes Schilf, selbst Katzenstreu wird als Abwehrmittel gegen Schnecken genannt. Gehäckseltes Schilf wirkt auch wegen seiner scharfkantigen Struktur schneckenabweisend, ähnlich wie die Grannen der Gerstenspreu. Für eine effektive Schutzwirkung sollte die Trockenzone allerdings mindestens einen halben Meter breit und einige Zentimeter dick sein.

Diese Methode ist recht arbeitsaufwendig und nur solange erfolgreich, wie das Sägemehl oder die Asche völlig trocken sind. Bereits ein leichter Regen, der morgendliche Tau oder die Bodenfeuchte können ausreichen, um die schützende Wirkung aufzuheben. Man muss die Substanzen also ständig erneut ausbringen, was im Gemüsegarten nicht immer erwünscht ist. Außerdem können negative Nebenwirkungen auftreten: Zu viel Sägemehl kann zur Versauerung des Bodens beitragen, insbesondere mit frischem Sägemehl von Eichen sollte man wegen des hohen Gerbstoffgehalts vorsichtig sein. In Holzasche können Rückstände von Lacken und Imprägniermitteln enthalten sein, die Verwendung von Ruß kann den Boden mit Schwermetallen anreichern. Auch der bisweilen genannte Ätzkalk sollte aufgrund seines hohen pH-Wertes nur sehr sorgsam und in geringen Mengen ausgebracht werden.

Ähnlich problematisch ist die Verwendung von Kupfervitriol (Kupfersulfat), welches als Kontaktgift zwar gegen Schnecken, aber auch gegen die nützlichen Regenwürmer sowie einige Schneckenräuber (Igel, Spitzmaus usw.) wirkt.

Selbst zerbröselte Eierschalen werden als Barriere gegen das Eindringen von Schnecken bisweilen genannt. In den meisten Hobbygärten dürfte diese Methode jedoch schon daran scheitern, dass die Beete winzig und der Eierverbrauch sehr hoch sein müssten, um immer genügend Material vorrätig zu haben.

Nicht zu empfehlende Methoden

Schneckenkorn - im Naturgarten unerwünscht

Die in Deutschland, Österreich und der Schweiz erhältlichen chemischen Präparate gegen Schnecken, so genannte Molluskizide, beruhen im Wesentlichen auf den Wirkstoffen Metaldehyd oder Methiocarb. Metaldehyd ist umweltverträglicher, gilt aber als weniger wirksam als Methiocarb. Insbesondere die großen Wegschnecken und die Spanische Wegschnecke werden oft nur geschwächt und müssen dann unbedingt aufgelesen werden. Die Mittel werden meist in der Form von Granulat ausgebracht, dem so genannten Schneckenkorn, und sind für Schnecken äußerst giftig. Bei Schneckenbändern handelt es sich um Folien, die mit dem Schneckengift bestrichen wurden und um gefährdete Beete herum gelegt werden sollen.

Methiocarb (früher Mercaptodimethur) wird nicht nur gegen Schnecken, sondern auch gegen Insekten und Milben eingesetzt. Der Stoff gilt als sehr giftig für Wasserorganismen. Präparate auf Basis von Methiocarb wirken als Nervengift. Die Schnecken sind zunächst sehr aktiv, verlieren dann ihre Muskelspannung und verenden. Solche Mittel sind in feuchter Umgebung besonders wirksam.

Bei den Metaldehyd-Präparaten ist es umgekehrt, sie wirken eher bei Trockenheit. da sie den Wasserentzug der Schnecken stören. Die Schnecken werden dadurch zu einer stark erhöhten Schleimproduktion angeregt und verenden dann am Wasserverlust. Wird der Flüssigkeitsverlust durch Regen oder Tau ausgeglichen, können sich die Schnecken z. T. wieder erholen. Dadurch erklärt sich, dass ein Bekämpfungserfolg mit Schneckenkorn, welches Metaldehyd als Wirkstoff enthält, durch starken Regen beeinträchtigt wird.

Schneckenkorn hinterlässt Rückstände im Boden, die je nach Wetter erst binnen einiger Tage oder Wochen abgebaut werden. Inwiefern Schneckenkorn einen negativen Einfluss auf das Bodenleben und damit auf die Fruchtbarkeit des Bodens hat, ist umstritten. **Bei den größten Anbauverbänden des Bio-Landbaus sind diese Mittel verboten.** Schneckenkorn darf zum Schutz von Fischen und anderen Wasserlebewesen nicht in der Nähe von Teichen oder Flüssen ausgebracht werden.

Insbesondere die Methiocarb-haltigen Mittel sind für viele anderen Tiere in Boden und Gewässern ebenfalls giftig. Laufkäfer, Regenwürmer und Bienen können geschädigt werden. Auch eine Vergiftung der natürlichen Feinde der Schnecken wie Igel und Spitzmäuse kann nicht ausgeschlossen werden, wenn sie mit Schneckenkorn vergiftete Tiere fressen. Durch Beigabe eines Bitterstoffs sollen Igel vom Fressen des Schneckenkorns abgehalten werden. Haustiere sollten von Schneckenkorn ferngehalten werden, was in der Praxis allerdings kaum möglich ist. Die Methiocarb-Wirkstoffe in Schneckenkorn können auch Menschen gefährden, insbesondere wenn z. B. Kinder Schneckenkorn verschlucken.

Chemische Rückstände in Gemüse und Früchten durch Schneckenkorn stellen bei sachgerechter Anwendung vermutlich keine größere Gesundheitsgefahr dar, können jedoch nicht ganz ausgeschlossen werden. In Deutschland wurden in den letzten Jahren pro Jahr etwa 5.000 Tonnen Schneckenkorn ausgebracht.

Es geht bei Hobbygärtnern nicht um das Erzielen von Höchsterträgen, sondern um möglichst gesunde, qualitativ hochwertige und möglichst gering mit Schadstoffen belastete Nahrungsmittel. Daher sollte auf den Einsatz von Schneckenkorn im Garten verzichtet werden.

Durch Verwendung von Schneckenkorn oder anderer chemischer Mittel ist es kaum möglich, die Schnecken vollständig zu vernichten. Über die Schneckeneier im Boden und zuwandernde Tiere erholt sich die Population bald wieder. Besonders tragisch ist es, wenn mittlerweile Nützlinge wie Igel, Spitzmaus oder Vögel an vergifteten Schnecken zugrunde gegangen sind. (Inwieweit Regenwürmer, Laufkäfer und Igel durch vergiftete Schnecken geschädigt werden können, wird unter Experten kontrovers diskutiert.) Die neue Schneckengeneration hat dann keine natürlichen Feinde mehr und wird sich noch rasanter vermehren, wodurch dann noch mehr Schneckenkorn ausgebracht werden muss. **Daher kann es mittelfristig sogar trotz bzw. gerade wegen des Einsatzes von Schneckenkorn zu einer Vermehrung von Schnecken kommen.** Einzelne Schnecken überleben jeden Gifteinsatz und können sich viel schneller vermehren als ihre ebenfalls vergifteten Feinde. Das natürliche Gleichgewicht ist gestört und es dauert für Igel und Spitzmäuse viel länger, bis sich der Bestand wieder erholt. Ein unerwünschter Kreislauf, wie er oft entsteht, wenn Menschen mit unüberlegten Einzelmaßnahmen in ökologische Regelmechanismen eingreifen. Nicht umsonst heißt es: „**Einmal Schneckenkorn - immer Schneckenkorn**“. Greift man dennoch zu Schneckenkorn, sollte man es sparsam ausbringen und nicht haufenweise, sondern die Körner verteilen

Bitte beachten Sie: Die obigen Äußerungen beziehen sich nur auf das althergebrachte Schneckenkorn auf der Basis von Methiocarb oder Metaldehyd, nicht jedoch auf die neueren Mittel mit dem Wirkstoff Eisenphosphat (s. u.)

Schneckensud – ekelhaft und umstritten

Das Kochen von eingesammelten Schnecken zu einem Sud, manchmal, auch Schneckenbrühe genannt, der anschließend im Garten versprüht wird, ist ein schauderhaftes und eher mittelalterlich anmutendes Verfahren. Die Methode ist bei Bio-Gärtnern umstritten und wird heute nur noch von wenigen Vertretern aus der Esoterik-Szene praktiziert. Mindestens 100 Schnecken werden bei lebendigem Leibe mit kochendem Wasser übergossen. Dann wird diese Brühe aus Schneckenkadavern einige Tage lang stehen gelassen. Mal ganz abgesehen von dem abscheulichen Gestank können bei einer solchen Zersetzung auch Giftstoffe gebildet werden.

Angeblich soll der Sud aus toten Schnecken die lebenden Artgenossen abschrecken, eine recht obskur erscheinende Vorstellung. Die Methode gilt bei den meisten Gärtnern, Biologen und Agrarwissenschaftlern als unwirksam. Überdies erscheint sie recht unhygienisch und für die meisten Menschen ziemlich ekelerregend. Aus diesen Gründen wird die Anwendung von Schneckenbrühe z. B. vom

Schweizer Forschungsinstitut für den Biologischen Landbau ausdrücklich nicht empfohlen. Wer kann schon mit gutem Appetit Erdbeeren oder Salatblätter genießen, über die das faulige Gebräu verbrühter Nacktschnecken ausgesprüht wurde?

Hoffnung durch neue oder wiederentdeckte Wirkstoffe

Eisenphosphat (Ferramol)

Erst seit Anfang 1999 auf dem Markt sind Schneckenköder mit dem Wirkstoff **Eisen-III-Phosphat** (z. B. Ferramol). Diese Präparate – nicht zu verwechseln mit den Schneckenkörnern, welche chemische Gifte enthalten (*s. o.*) – werden in Form von Pellets ausgebracht. Die Pellets sind regenfest und quellen auf, wenn sie feucht werden. Sie bewirken bei den Schnecken einen schnellen Fraßstopp. Die Schnecken schleimen nicht wie bei einigen Schneckenkorn-Präparaten, sondern verkriechen sich vor ihrem Tod in den Boden. Deshalb findet man auch bei einer guten Wirkung nur wenige Schnecken tot auf den Beeten, der Bekämpfungserfolg im eigenen Garten ist daher nicht so einfach auf den ersten Blick zu beurteilen.

Diese neuen Mittel haben in Labor- und Feldversuchen bei Acker- und Wegschnecken gute Ergebnisse gezeigt und sind nach Ansicht von Wissenschaftlern und Zulassungsbehörden eine Alternative zu den bisher verwendeten Präparaten. Eisenphosphat ist nicht fischgiftig, daher besteht für den Einsatz von Ferramol in der Landwirtschaft weder eine Wasserschutzgebietsauflage noch eine Gewässerabstandsauflage. Laut einer EG-Verordnung vom März 2002 ist Ferramol nun **auch im ökologischen Landbau zugelassen**.

Der Wirkstoff Eisen-III-Phosphat kommt ganz natürlich im Boden vor. Produkte mit diesem Wirkstoff gelten daher als umweltverträglich. Regenwürmer, Igel, Laufkäfer, Bienen oder Haustiere werden nicht gefährdet. Der Wirkstoff wird im Boden vollständig in Eisen und Phosphat abgebaut, beides Pflanzennährstoffe, die ohne Störung in die natürlichen Bodenkreisläufe eingehen.

Die Erwartungen an dieses neue Schneckenmittel auf natürlicher Basis waren hoch, die bisherigen Erfahrungen von Gartenbesitzern sind nicht ganz eindeutig. Es werden sowohl gute Erfolge in der Schneckenbekämpfung berichtet als auch die Beobachtung, dass die Schnecken den Salat dem Schneckenköder vorziehen. Einige Gärtner machen mit dem Ferramol offenbar gute bis sehr gute Erfahrungen, andere steigen wieder um auf das „normale" giftige Schneckenkorn. Gärtner berichten auch, dass Ferramol auf jüngere Schnecken eher wirkt als auf ausgewachsene Tiere. Hier muss jeder Gartenbesitzer seine eigenen Erfahrungen machen und selber austesten, welche Mittel im eigenen Garten an der eigenen Schneckenpopulation am besten wirken und wie viel chemische Substanzen er auf seinen Böden zulassen möchte.

Moos-Extrakte

Neue Hoffnung im Kampf gegen die gefräßigen Schnecken macht eine Entdeckung eines Botanikers der Universität Bonn, von der im Jahr 2001 viel zu lesen war. Er hatte herausgefunden, dass Salatblätter von Schnecken verschmäht werden, wenn sie zuvor mit einem Extrakt aus Moosen besprüht worden waren.

Moose wachsen an feuchten Stellen und besitzen weder eine schützende Borke noch Dornen, Stacheln, Haare oder Wachsschichten. Sie wären dem Fraß durch Schnecken, Raupen oder Käfer schutzlos ausgeliefert, wenn sie nicht in ihren Zellwänden bestimmte Substanzen mit bioziden und antimikrobiellen (gegen Bakterien gerichtete) Eigenschaften bilden würden. Kaum ein Tier frisst Moos, denn diese Wirkstoffe verderben allen Fraßfeinden den Appetit und schützen das Moos zudem vor einem Befall durch Pilze oder Bakterien. Pflanzen, die mit einem wässrigen oder alkoholischen Extrakt aus Moos behandelt wurden, werden von den Schnecken gemieden, gleichzeitig wird einem Befall durch Pilzkrankheiten wie z. B. dem Echten Mehltau vorgebeugt.

Bevor man neue Wundermittel auf Moosbasis erwartet, muss man Folgendes wissen: Die Schnecken werden durch die Moosextrakte nur **vom Fressen abgehalten**, sie werden **nicht getötet**, sondern bestenfalls auf andere Beete oder zum Nachbarn vertrieben. Daher würde man auf Dauer große Mengen an Moos benötigen, die man aus Gründen des Naturschutzes niemals im Wald entnehmen kann, zumal einige Moosarten streng geschützt sind. Im Gartenfachhandel sind kleinere Mengen an Moosextrakten bereits erhältlich. Für einen breiten Einsatz in Gartenbau und Landwirtschaft müsste man zunächst eine Möglichkeit finden, Moose im großen Stil anzubauen, ohne dass sie ihre besonderen Eigenschaften verlieren. Der Moosextrakt gilt als umweltverträglicher Naturstoff, über Langzeiteffekte auf die Organismengemeinschaft im Boden bei dauerhaftem Gebrauch ist jedoch wenig bekannt.

Im Zusammenhang mit dem Thema Moos sei eine Bemerkung am Rande gestattet: Wer um die geschilderte **antimikrobielle und desinfizierende Wirkung von Moos** weiß, kann nur darüber lachen, mit welchem Aufwand sich manche Zeitgenossen plagen, aus ihrem Rasen auch noch das letzte Zipfelchen Moos zu entfernen. Lassen Sie das Moos wachsen, wenn Boden und Klima entsprechend sind, wird es sowieso wiederkommen. Freuen Sie sich daran, wie weich man darauf laufen kann und wie angenehm dies barfuß im Sommer sein kann, gerade auch für auf dem Rasen spielende Kinder. Im Winter wiederum sieht ein Rasen, der mit Moos durchsetzt ist, meist frischer und grüner aus als der ergraute Einheitsrasen.

Koffein

Im Juni 2002 veröffentlichten Biologen im bekannten Wissenschaftsmagazin ‚Nature' einen aufsehenerregenden Artikel mit der Überschrift „Pest Control: Caffeine as a repellent for slugs and snails“ (Schädlingskontrolle: Koffein als Abschreckungsmittel gegen Schnecken). Die Beobachtung der Wissenschaftler war eher zufällig erfolgt: Man hatte ursprünglich den Effekt von Koffein auf eingeschleppte Froscharten untersuchen wollen, dann jedoch neben den mit Koffeinlösungen eingesprühten Salatpflanzen zahlreiche tote Schnecken gefunden. In Folge-Experimenten mit unterschiedlich behandelten Kohlblättern fanden die Forscher heraus, dass die Schnecken zwischen Blätter unterscheiden konnten, die mit Koffein behandelt oder unbehandelt waren. Selbst eine Lösung, die weniger Koffein enthielt als ein durchschnittlicher, frisch aufgebrühter Kaffee reduzierte die Fraßschäden deutlich.

Die Biologen untersuchen nun, welche weiteren Wirkungen Koffein auf Flora und Fauna im Garten hat und ob daraus eine Alternative zu den bisherigen chemischen Schneckenbekämpfungsmitteln werden könnte. Ein Schneckenbekämpfungsmittel auf Kaffeebasis müsste jedoch hochwirksam, hochspezifisch und zudem günstig in der Herstellung sein, um Marktchancen zu haben. Für den Hobbygärtner ist es zunächst mal ähnlich wie beim Bier – selbst wenn die Methode wirkt, ist es doch zu schade, die Schnecken mit dem zu füttern, was man lieber selber trinkt.

Knoblauch

Dass die Knoblauchpflanze Schnecken abwehren kann, hatten wir bereits in der ersten Auflage beschrieben. Dieser Knoblaucheffekt wurde von britischen Wissenschaftlern im Jahr 2003 erneut bestätigt. Sie fanden heraus, dass ein konzentrierter Knoblauchsaft Fraßschäden um mehr als 90 % vermindern kann. Schnecken, die mit dem Knoblauchextrakt in direktem Kontakt kamen, starben sogar und mit Knoblauchsaft begossene Eier entwickelten sich nicht weiter. Wer mag, sollte im eigenen Garten mit einer Brühe aus zerdrückten Knoblauchzehen auf kleineren Beeten selber experimentieren. Inwiefern der Geschmack vom behandelten Gemüse aufgenommen wird, dazu wollten sich die britischen Forscher nicht äußern.

Von einer Vielzahl weiterer natürlicher Pflanzenstoffe ist eine molluskizide (= gegen Weichtiere gerichtete) Wirkung seit vielen Jahren bekannt, dazu gehören Substanzen aus den Gruppen der Saponine, der Terpenoide, der Flavonoide und der Tannine. Leider wurden bisher keine im Garten oder in der Landwirtschaft einsatzfähigen Präparate entwickelt. In Afrika setzt man jedoch Saponine (bitter schmeckende, schaumbildende sekundäre Pflanzenstoffe) bei der Bekämpfung der Bilharziose (*s. o.*) ein. Bestimmte saponinhaltige Beeren wirken sehr giftig auf die Schneckenarten, welche Zwischenwirte des Bilharzioseerregers sind.

Weitere Methoden

Eine Vielzahl weiterer Tipps zur Schneckenbekämpfung aus der eigenen gärtnerischen Praxis sowie einige mehr oder weniger wirksame ‚Geheimrezepte' aus Vorträgen, Büchern und Broschüren werden im Folgenden aufgeführt und kurz kommentiert:

Schneckenfeindliche Anbaumethoden

- Jungpflanzen kann man im Frühbeet mit Schneckenkante (s. Schneckenzaun) vorziehen. Dies ist z. B. bei Bohnen und Erbsen sinnvoll, deren Keimlinge sonst im Frühjahr oft schon in der Erde angefressen werden.
- Erbsen und Bohnen keimen schneller, wenn die Samen vorgequollen wurden, die besonders gefährdete Phase kann dadurch verkürzt werden.
- Das empfehlenswerte Mulchen kann bei der Schneckenbekämpfung von Nachteil sein, da die Tiere im Mulch Nahrung und Versteckmöglichkeiten finden. Daher sollte man zum Mulchen keine frischen Gartenabfälle verwenden, sondern das Material zuerst trocknen lassen. Insbesondere frischer Rasenschnitt ist eine Lieblingsspeise der Nacktschnecken.
- Zum Mulchen sollte man das Pflanzenmaterial nur dünn auftragen. In zu dickem Mulch kommt es leicht zu Fäulnis und die Schnecken legen in und unter die Mulchschichten gerne ihre Eier. Bei starkem Befall mit Schnecken kann es besser sein, eine Zeit lang ganz auf das Mulchen zu verzichten und stattdessen vermehrt zu hacken.
- Die Mulchdecke sollte öfter erneuert werden. Dabei werden viele Schnecken aufgespürt und entfernt.

Abwehrmaßnahmen

- Fein vermahlene Kräuter und Mineralien (Steinmehle) sollen als ‚Schneckenstopp' die Schnecken durch die Reizung ihrer Schleimhäute abschrecken. Die Wirkung ist sehr begrenzt und die Pulver sind gerade bei Regen, wenn die Schnecken am aktivsten sind, schnell wirkungslos.

- Schnecken sind geruchsempfindlich. Daher liest man immer wieder von dem Tipp, Schnecken durch Anpflanzen von Duftpflanzen mit ätherischen Ölen zu vertreiben. Genannt werden z. B. Salbei, Thymian, Ysop und Lavendel. Leider ist in der Praxis ein solcher Effekt häufig nicht festzustellen. Junger Ysop wird sogar recht gerne von Nacktschnecken aufgesucht.
  Wie viele Quadratmeter dieser Duftpflanzen müsste man rings um den Garten anbauen, um eine nachhaltige Wirkung zu erzielen? Und ist nicht gerade die von Licht und Wärme abhängige Duftwirkung der ätherischen Öle gerade dann am geringsten, wenn die Schneckengefahr am größten ist, nämlich bei feuchtem Wetter mit Regen?
  Im Gartenhandel werden bisweilen Granulat-Präparate angeboten, die mit ätherischen Ölen getränkt sind und Schnecken abhalten sollen. Insgesamt konnten sich solche Mittel bisher offenbar eher wenig durchsetzen.
- Durch den Geruch von Schierling (Vorsicht: Giftpflanze!) werden angeblich Schnecken vertrieben. Auch Gartenkerbel, Meerfenchel, Tomatenblätter, **Knoblauch**, Meerrettich, Liebstöckel, selbst Rosen, Akelei und Habichtskraut sowie einige Flechtenarten werden als **Schneckenabwehrpflanzen** genannt. Geruchsbarrieren gegen Schnecken sind jedoch eine eher unsichere Methode. Die Inhaltsstoffe und damit auch die produzierten Duftstoffe einer Pflanze sind nicht standardisiert und abhängig von Boden, Klima und Anbaubedingungen. Nur durch Ausprobieren kann man herausfinden, ob die genannten Pflanzen im eigenen Garten Wirkung zeigen.
- Trennstreifen aus Senf, Kapuzinerkresse oder Weißklee helfen angeblich gegen Schnecken, indem sie eine Barriere für potenzielle Zuwanderer darstellen. Der Erfolg ist umstritten. Insbesondere mit den Kreuzblütlern (z. B. Senf und Raps) sollte man vorsichtig sein, da durch Kreuzblütler die Kohlhernie, eine gefürchtete Pilzkrankheit, im Garten gefördert werden kann.

- Das Bestreuen des Bodens mit Farnkraut oder Fichtennadeln ist ähnlich zu beurteilen wie der Einsatz von Sägemehl und Asche (*s. o.*).
- Jauchen aus Farnen oder Tomatenblättern sollen Schnecken vertreiben, ebenso kalte Auszüge aus Johannisbeere oder Lavendel oder eine Brühe aus eingeweichten und gekochten Tannenzapfen. Um diese Behauptungen zu überprüfen, hilft nur eigenes Experimentieren. Spätestens nach dem nächsten Regenguss oder dem Tau am Morgen lässt die Wirkung einer Jauche zwangsläufig nach. Die verschiedenen im ökologischen Gartenbau oft eingesetzten Pflanzenstärkungsmittel (Jauchen, Extrakte) wirken im Allgemeinen leider nicht gegen Schnecken.

Biologische Schädlingsbekämpfung

Neben dem Ansiedeln und dem Schutz von Nützlingen (*s. Kap. Förderung von Schneckenfeinden*) existieren im Rahmen einer Schneckenbekämpfung ohne den Einsatz von Giftstoffen noch weitere Methoden der Biologischen Schädlingsbekämpfung:

- Eine besondere Art von schneckenschädigenden Nematoden (Älchen) (*Phasmarhabditis hermaphrodita*) ist im Handel erhältlich. Diese Nematoden sind kleine Fadenwürmer, die durch den Mantelschild in die Schnecken eindringen und sie dabei mit einem Bakterium infizieren. Die Infektion ist erkennbar an einer Schwellung am Rücken der Schnecken. Das Bakterium verursacht bei den Schnecken nach etwa drei Tagen einen Fraßstopp, so dass sie binnen einer Woche zugrunde gehen. Nebenwirkungen dieser Methode sind nicht bekannt. Leider wirken die Nematoden nur gegen die genetzte Ackerschnecke, bei den weit verbreiteten und gefräßigen Roten Wegschnecken wirken die Nematoden nur im Jugendstadium. Insgesamt ist diese Methode zwar recht umweltfreundlich, gilt aber als heikel und nicht ganz billig.
- Es gibt Milbenarten, die als Parasiten auf Schnecken leben. Sie nisten vorwiegend in der Mantelhöhle und gelten als geeignet für

eine biologische Schneckenbekämpfung. Entsprechende Präparate sind jedoch noch nicht verfügbar.

- Auch das Ansiedeln von Weinbergschnecken und Raubschnecken kann eine Methode der Bekämpfung von Nacktschnecken sein. Für diese Schneckenarten sind die Eier der Nacktschnecken eine Delikatesse.
  In Kalifornien hat man in Obstgärten und Plantagen große Probleme mit Schnecken, welche die reifen Früchte anfressen. Durch die Freisetzung von Raubschnecken konnte die Schneckenplage hier erfolgreich bekämpft werden. Leider ist in Deutschland eine für den Einsatz in Gemüsegärten geeignete Raubschnecke nicht bekannt.

Elektrische Abwehrmittel

- Ein im Handel erhältlicher Elektrozaun gegen Schnecken funktioniert im Prinzip wie die elektrischen Weidezäune, die man für Vieh verwendet. In Plastikstreifen sind Metalldrähte eingearbeitet und mit einer Batterie wird der Zaun unter eine geringe elektrische Spannung gesetzt. Die Schnecken werden bei Berührung wegen ihres feuchten Körpers von einem schwachen Stromschlag getroffen und dadurch vertrieben. Sie werden dabei nicht getötet, sondern eher auf das Feld des Nachbars ‚umgeleitet'. Diese Elektrozäune werden manchmal auch als Schneckenbänder bezeichnet, dürfen aber nicht mit den Schneckenbändern verwechselt werden, die mit giftigen Wirkstoffen getränkt sind (*s. Kap. Schneckenkorn*).
  Pflege und Wartung eines solches Systems sind recht aufwendig, denn schon wenige feuchte Grashalme können den Strom ableiten. Außerdem ist die Gefahr groß, dass auch Schneckenfeinde wie Kröten oder Eidechsen vertrieben werden. Ob die großen Schneckenvertilger Igel und Spitzmaus so schnell wieder in einen Garten zurückkehren, in welchem sie an ihrer empfindlichen feuchten Nase einen schmerzhaften Stromschlag erhalten haben?

- Unter bestimmten Voraussetzungen können Schnecken durch Kupferfolien abgewehrt werden. Das Kupfer reagiert mit dem Schleim der Schnecken, wodurch es zu einem leichten, aber für die Schnecken vermutlich unangenehmen Stromfluss kommt. Im Garten ist die Anwendung von Kupferfolie allenfalls für den Stamm von Obstbäumen oder um den Fuß von Blumenschalen herum geeignet.
- Zum Schluss sei der Vollständigkeit halber eine sehr modern wirkende Methode der Schneckenbekämpfung erwähnt. In Großbritannien wird derzeit ein schneckenfangender Roboter, der so genannte ‚Slug-Bot', entwickelt. Das mit einem Elektromotor angetriebene Gerät fährt selbstständig durch den Garten. Über einen Rotlicht-Detektor ist der Roboter angeblich in der Lage, Schnecken zu erkennen und mit einem Greifarm aufzusammeln. Über Satellitennavigation findet der Roboter zu seiner Basisstation zurück, wo die Schnecken getötet und zu Biogas umgewandelt werden. Aus dem Biogas wiederum soll dann die Elektrizität für die Batterien des Roboters gewonnen werden. Das Konzept klingt interessant, aber auch etwas fantastisch. Ob der knapp 2.500 EUR teure Prototyp jemals in Serie gehen wird, ist noch fraglich.

Tipps und Tricks

Im Folgenden eine Auflistung weiterer Einzelmaßnahmen, die jede für sich keine Wunder wirken, aber die dennoch einige wichtige Anregungen geben, es den Nacktschnecken so schwer wie möglich zu machen:

Zur Bodenpflege

- Werden die Beete über den Winter völlig abgeräumt, bleiben den Schnecken keinerlei Versteckmöglichkeiten. Da eine Bodenbedeckung jedoch andererseits viele Vorteile bietet, sollte diese Radikalkur nur bei einer sehr großen Schneckenplage durchgeführt werden.

- Ein feinkrümeliger Boden hält Schnecken fern. Man sollte den Boden möglichst feinstrukturiert halten und große Schollen vermeiden. Die meisten schädlichen Schnecken können nicht selber Löcher in den Boden graben, sondern sind zum Versteck, zur Eiablage und zur Überwinterung auf Risse und Spalten angewiesen. Gut abgesetzte und feinkrümelige Saatbeete beugen einem Schneckenbefall vor.
- Ein lockerer Boden bietet den Schnecken gute Möglichkeiten zur Überwinterung. Böden sollten daher nicht zu früh im Herbst, sondern erst im frühen Winter (November oder Dezember) nach dem ersten Frost gelockert werden. Dann werden die in tieferen Bodenschichten sitzenden Schnecken aus der Winterruhe gerissen, gelangen an die Oberfläche und gehen in der kalten Witterung zugrunde. Ungeschützt dem Frost ausgesetzt überleben auch die Schneckeneier nicht.

> Feinkrümelige Böden bieten den Schnecken weder Unterschlupf noch Platz zur Eiablage.

- Für die Landwirtschaft gilt der letzte Tipp in entsprechender Weise: Nach dem Pflügen sollten die Schollen sofort durch Eggen zerkleinert werden, bevor die Schnecken durch die neu geschaffenen Hohlräume in den Boden eindringen. Manchmal wird empfohlen, durch Walzen Hohlräume im Boden und damit Schneckenverstecke zu zerstören. Dieses Verfahren hat jedoch aufgrund der unerwünschten Bodenverdichtung und des Arbeitsaufwandes gravierende Nachteile. Auf schweren, tonigen Böden ist eine Schneckenbekämpfung durch Walzen überdies wenig Erfolg versprechend, da auch nach mehrmaligem Walzen genügend Verstecke im Boden bleiben.

Zum Kompostieren

- Der Komposthaufen kann ein Schlaraffenland für Schnecken sein. Warm und feucht ist er ein ideales Versteck und Winterquartier. Überdies wird dort regelmäßig mit frischem Pflanzenmaterial ‚gefüttert', Würden die Schnecken konsequent im Kompost bleiben und dort zur Zerkleinerung und Verrottung des organischen Abfalls beitragen, könnte der Gärtner mit einigen Schnecken im oder auf dem Kompost gut leben. Leider ist der Komposthaufen oftmals ein idealer Startplatz für die nächtlichen Raubzüge der gefräßigen Kriecher. Wenn ein Kompost einmal von Schnecken befallenen ist, hilft es, diesen auszutrocknen und im Winter durchfrieren zu lassen.

- Man sollte den Kompost gut beobachten. Er wird insbesondere gerne zur Eiablage benutzt. Wenn man nicht aufpasst, verteilt man beim Ausbringen des Komposts die Schneckeneier im ganzen Garten. Dies kann besonders ärgerlich sein, wenn man die Beete zuvor halbwegs schneckenfrei bekommen hatte. Auch in Beete, die durch Schneckenzäune geschützt sind, können bei mangelnder Aufmerksamkeit über den Kompost immer wieder Eier und Jungschnecken hineingelangen.
- Ein richtig aufgebauter Komposthaufen (Luft von allen Seiten, grobes und feines Material, nicht zu nass, Bodenanschluss für die Regenwürmer) erreicht in der Rottephase Temperaturen von 50 - 70° C. Dadurch werden nicht nur Schneckeneier, sondern auch viele Krankheitskeime abgetötet. Außerdem meiden Schnecken den Kompost dann aufgrund der Wärmeentwicklung eher.
- Seien Sie vorsichtig bei der Idee, die Schnecken durch Überstreuen des Komposthaufens mit Ätzkalk (Branntkalk) abzutöten! Damit werden auch viele wichtige Mikroorganismen abgetötet und der Kompostierungsvorgang kann nachhaltig gestört werden. Allenfalls bei Komposten, die durch große Mengen an Rinde, Sägemehl oder Laub sehr sauer werden, kann Düngekalk in kleinen Mengen zugegeben werden.

Zum Gießen

- Grundsätzlich gilt es, gezielt und nach Bedarf zu gießen. Sofern möglich, sollten Pflanzen einzeln mit Schlauch oder Gießkanne gewässert werden, statt großflächig das ganze Gartengelände feucht zu halten und so den Schnecken ideale Bedingungen zu liefern.

- Insbesondere die beliebten Rasensprenger sind eine prima Methode, um an trockenen Sommertagen Schnecken aus der Umgebung zielsicher heranzulocken. Die Schnecken werden von allen Seiten angezogen und finden optimale Erfrischung und Erholungsmöglichkeiten.
- Das Berieseln der Beete am Abend lockt nach heißen trockenen Tagen die Schnecken nachts von weither an. Besser ist es daher, morgens zu gießen.

Zum Schutz einzelner Pflanzen

- Um besonders gefährdete Einzelpflanzen kann man Holzasche, Fichtennadeln oder Sägemehl ringförmig ausbringen. Das Material muss jedoch kontrolliert und nach jedem Regen erneuert werden.
- Einen ‚Mini-Schneckenzaun' für Einzelpflanzen kann man sich leicht selbst herstellen: Von Blumentöpfen aus Plastik wird der Boden abgeschnitten und der Topf dann über die gefährdete Pflanze gesetzt und mindestens zwei Zentimeter in den Boden gesteckt. Töpfe mit einem umgebogenen Rand wirken besser als glattrandige Töpfe. Dieser Schutz kann von einzelnen Schnecken überwunden werden. Mit den im Haushalt zur Verfügung stehenden Formen und Materialien kann man solche Schutzsysteme durch eigene Konstruktionen weiterentwickeln.
- Zum Schutz von Orchideen werden Wattebäusche um die Stängel herum empfohlen. Die Watte muss jedoch nach jedem Regen erneuert werden.
- Kübel- und Topfpflanzen können durch einen Wassergraben geschützt werden. In einem übergroßen Untersetzer stehendes Wasser wird von Schnecken nur ungern überquert.

Zum Schutz von Gewächshäusern und Folientunneln

- Ein Dämpfen des Bodens tötet Schneckeneier ab.

- Anzuchtkisten und Gerätschaften sollte man nicht im Gras herumliegen lassen. Hier können sich leicht junge Schnecken verstecken, die dann in ein Gewächshaus eingeschleppt werden.
- Um Gewächshäuser und Folientunnel herum sollte man auf Grünflächen das Gras möglichst kurz halten, um die Schnecken erst gar nicht in die Nähe kommen zu lassen. Wer die Möglichkeit hat, lässt zusätzlich Laufenten (*s. o.*) weiden.
- Man verhindert das Eindringen von Schnecken, indem man konsequent auf einen dicht schließenden Bodenkontakt achtet, jeden Spalt und jede Ritze kontrolliert und Löcher sofort repariert.

Schnecken anders gesehen

Schnecken sind eklige, schleimige Monster, die um jeden Preis vernichtet werden müssen. So denken wohl viele Menschen, die sich in ihrem Garten über die gefräßigen Biester ärgern. Doch wird diese eingeschränkte Sichtweise den Tieren nicht gerecht. Schnecken und andere Weichtiere spielen eine große Rolle im Naturhaushalt und haben auch so manchen Beitrag zur Kulturgeschichte des Menschen geliefert.

> Von den etwa 200 Schneckenarten in Mitteleuropa sind nur ganz wenige Arten wirklich schädlich.

Daher wird im letzten Teil dieses Buches der Blickwinkel über den Gartenzaun hinaus erweitert, um einige überraschende Aspekte aus der Welt der Schnecken kennenzulernen und interessante Bezüge zur Kultur des Menschen aufzuzeigen.

Schnecken im Naturhaushalt

Ein naturnaher Garten ist ein vielgestaltiger Lebensraum. Es gibt Räuber und Opfer, fressen und gefressen werden gehört zum täglichen und nächtlichen Geschehen. Schnecken fressen nicht nur

Jungpflanzen, sondern zerkleinern auch organische Abfälle und fördern so die Humusbildung. Sie helfen, Kot und tote Kleintiere zu beseitigen. Durch Abbau und Entfernen von absterbenden und faulenden Pflanzen werden Pflanzenkrankheiten eingedämmt oder verhindert.

Der Kot der Schnecken ist wertvoller Kompost und trägt zur Bodenfruchtbarkeit bei. Auch sind die Schnecken selber als Futter für andere Tiere Bestandteil von Nahrungsketten im Kreislauf der Natur. Selbst der Schleim der Schnecken ist Nahrung für Bodenbakterien.

Schneckenhäuser mit Nachmietern

Fallen Gehäuseschnecken den räuberischen Weich- oder Laufkäferlarven zum Opfer, so bleiben die leeren Kalkschalen unbeschädigt zurück. Diese Schneckengehäuse sind nach dem Tod ihrer ursprünglichen Bewohner sehr begehrt bei verschiedenen Kleintieren, welche die freigewordene Wohnung als Nachmieter für eigene Zwecke benutzen. Dazu gehören einige nützliche Spinnen, insbesondere die kleinen Springspinnen, die gerne in leeren Schneckenhäusern überwintern und diese auch zur Ablage ihrer Ei-Kokons benutzen.

Auch einige Wespen- und Bienenarten nutzen für ihre Brut gern den Schutz leerer Schneckenhäuser. Zu den interessantesten von ihnen gehört die **Mauerbiene**. Mauerbienen leben nicht – wie die bekannte Honigbiene – im Schwarm, sondern als Einzeltiere. Recht häufig ist die ‚Zweifarbige Mauerbiene', die an ihrer markanten Färbung (schwarzer Vorderkörper, rostrot behaarter Hinterkörper) leicht zu erkennen ist und an sonnigen, trockenen Stellen beobachtet werden kann. Mauerbienen gehören zu den so genannten Bauchsammelbienen, welche den Pollen im Gegensatz zur Honigbiene nicht mit den Hinterbeinen, sondern mit ihrer bürstenartigen Bauchbehaarung aufsammeln und transportieren.

Es ist faszinierend, welch einen großen Aufwand die Mauerbiene zur Brutpflege betreibt. Hat die Biene im zeitigen Frühjahr das leere Gehäuse einer toten oder ausgefressenen Schnirkelschnecke gefunden, so beklebt sie dessen Außenseite zunächst mit dem so genannten Pflanzenzement, einer Mischung aus Speichel und zerkauten Blattstückchen. Danach wird fleißig Nektar und Pollen gesammelt und sorgfältig im Schneckenhaus deponiert. Ist der Vorrat groß genug, legt die Biene ein Ei dazu und zieht anschließend wiederum aus Pflanzenzement eine Quermauer im Schneckenhaus ein. Als zusätzlichen Schutz trägt die Mauerbiene nun kleine Holzstückchen und Steine herbei, schichtet diese vor der Mauer auf und stützt sie durch eine zweite Quermauer ab.

Endlich ist die Brut versorgt, glaubt man. Doch die eifrige, kaum einen Zentimeter große Biene ist noch längst nicht mit der Arbeit fertig. Das Schneckenhaus wird nun durch Wackeln und Strampeln so lange gedreht, bis die Öffnung nach unten zu liegen kommt. Wer will schon Regen in der Kinderstube? Dann gräbt die Biene unterhalb des Gehäuses eine kleine Grube, so dass dieses ein wenig in den Boden sinkt. Zum Schluss fliegt sie los, um einige Dutzend Grashalme, Kiefernnadeln und ähnliches Material zu sammeln, die dann um das Schneckenhaus herum aufgeschichtet werden, um das Versteck zu tarnen. Für diese ganze Arbeit benötigt die Biene mindestens zwei volle Tage, bei Zwangspausen durch Regenwetter noch länger. Somit kommen in einem Jahr nur wenige Nachkommen zur Welt.

Vielleicht sollte man mal an die Mühe dieser harmlosen Tiere denken, bevor man sie aus Angst vor allem was brummt, einfach totschlägt. Da der winzige Stachel der Wildbienen viel zu schwach ist, um die menschliche Haut zu durchdringen, ist eine Angst vor diesen Tieren völlig unbegründet.

Weichtiere in der Kulturgeschichte

Bei allem Abscheu vor den weichen, schleimigen Tieren sollte das Schöne und Gute nicht übersehen werden. Einige Beispiele hierfür mögen verdeutlichen, dass die Mollusken dem Menschen in kultureller Hinsicht aufs Vielfache verbunden sind.

Symbolik

Auf dem Boden kriechende Lebewesen sind in vielen Kulturen eher mit negativen Bedeutungen belegt. Wegen ihrer Langsamkeit wurden Schnecken oft mit Faulheit in Verbindung gebracht, wegen ihres Zwitterwesens mit Wolllust. Oft hatten Muschelschalen oder Schneckenhäuser zudem eine symbolische, religiöse oder magische Bedeutung.

Die Weinbergschnecke galt als Symbol der Auferstehung, da sie im Herbst ihr Haus verschließt und im nächsten Frühjahr wieder aufwacht. Belemniten (fossile Kopffüßer) waren im Mittelalter aufgrund ihrer angeblichen Heilwirkung hochbegehrt. Kunstlexika berichten, dass ein leeres Schneckenhaus auf Stillleben für die Vergänglichkeit steht. In Indien war die Schnecke, die sich in ihr Haus zurückzieht und wieder hervorkommt, ein Symbol für den zu- und abnehmenden Mond und für Erneuerung.

Gehäuse als Schmuck

Aufgrund des prächtigen Aussehens und der oft bizarren Formen und Muster eignen sich Schneckengehäuse und Muschelschalen für die Herstellung von Schmuckstücken. Das hübsche Perlmutt beispielsweise stammt aus Schalen von Weichtieren und wird in vielfältiger Weise zu Schmuckstücken, Knöpfen, Aschenbechern u. a. verarbeitet. Häufig findet man Perlmutteinlagen als Intarsien in wertvollen Möbeln, Musikinstrumenten oder Schachspielen. Perlmutt ist ein Material mit erstaunlichen Eigenschaften: Es besteht zu mindestens 97 Prozent aus Kalk, hat aber eine 1.000fach höhere Bruchfestigkeit. Der Stoff stößt daher auf großes Interesse bei Materialforschern, die versuchen, das raffinierte Bauprinzip nachzuahmen, um festere und gleichzeitig leichtere Materialien zu entwickeln.

Die Kalkgehäuse von Weichtieren der Meere bilden oft seltsame Formen und Muster

Schon seit Urzeiten haben Menschen Schneckengehäuse und Muschelschalen gesammelt. In naturhistorischen Museen findet man sehenswerte Molluskensammlungen aus den letzten Jahrhunderten. Noch heute spielen Schnecken und Muscheln bei rituellen Tänzen und Festen vieler Völker in Südostasien oder Südamerika eine große Rolle. Halsbänder und Armreifen werden traditionell gern aus Schneckengehäusen hergestellt.

Schneckenhäuser und Muschelschalen können sehr wertvoll sein. Zu allen Zeiten haben Könige, Fürsten und wohlhabende Reisende sich große Sammlungen dieser Kalkschalen zugelegt. Dabei wurden Liebhaberpreise von bis zu 20.000 Goldmark für die am schönsten gezeichneten Gehäuse bezahlt. Besonders auffallende und wertvolle Stücke wurden als Gastgeschenke oder Tauschobjekte gehandelt.

Perlen

Perlen waren schon im Altertum bekannt und galten als wertvoll. In der Bibel kommt dies z. B. in dem Ausspruch „*... werft auch nicht eure Perlen vor die Schweine*“ (Matth. 7, 6) zum Ausdruck. Perlen gibt es in allen Größen, Formen und Farben.

Natürliche Perlen sind selten und daher sehr kostbar. Sie entstehen durch Fremdkörper zwischen Mantel und Schale eines Weichtiers. Die Perlmuschel lebt im sandigen Grund flacher Meeresbuchten. Gelangt ein Fremdkörper in ein solches Tier, umschließt die Perlmuschel diesen mit Perlmutt, Absonderungen von Kalziumkarbonat, die durch ein Protein zusammengehalten werden. Nach einigen Jahren entsteht auf diese Weise ein kugelförmiges Gebilde, die wertvolle Perle. In der Natur bilden nur wenige Perlmuscheln (Austern) eine Perle und die Suche nach echten Perlen ist sehr langwierig. Daher werden in den Zuchtanlagen in einigen asiatischen Ländern junge Perlmuscheln mit einer winzigen ‚Perle' geimpft, um die Ausbeute zu steigern. In Japan besteht heute noch ein reger Handel mit der Perlmuschel.

Im Mittelalter wurde in Bayern, Sachsen und Hessen eine Perlenfischerei mit Süßwasserperlen betrieben. Besonders Perlen aus den Flüssen des Fichtelgebirges und des Mains waren berühmt. Heute kommt die Flussperlmuschel in Deutschland nur noch in einigen wenigen klaren und sauerstoffreichen Bächen vor.

Gehäuse als Gebrauchsgegenstände

Muschelschalen und Gehäuse von Schnecken werden von vielen Kulturen auf mannigfaltige Weise als Gebrauchsgegenstände benutzt. Muschelschalen dienen als Löffel oder als Schöpfgeräte zum Ausschöpfen von Wasser aus Booten. Auch der Name ‚Ölkrug' für eine große Meeresschnecke weist darauf hin, dass ihre leeren Gehäuse praktische Verwendung fanden. Aus den Gehäusen bestimmter dickschaliger Schneckenarten werden bis heute in manchen Regionen Knöpfe gefertigt.

Ein sehr großes Schneckengehäuse, das so genannte Tritonshorn, wurde als Kriegstrompete von Südseevölkern verwendet. Fischer am Mittelmeer benutzten früher die mit einem Blasloch versehenen Gehäuse der Trompetenschnecke als Signalhorn.

Schalen von Meeresschnecken (hier eine Stachelschnecke) können bizarre Formen annehmen.

Noch heute ist das Sammeln von Muschelschalen eine der beliebtesten Beschäftigungen während eines Urlaubs am Meer und die Spiralschale des Perlboots (*Nautilus pompilius*) gilt als beliebtes Reisemitbringsel aus tropischen Gegenden.

Auch der so genannte **Schulp**, ein Kalkblatt, welches in vielen Vogelkäfigen als Wetzstein hängt, ist nichts anderes als die innere Schale eines Tintenfisches.

Schneckengehäuse und Muscheln als Zahlungsmittel

Besonders wertvolle und seltene Exemplare von Muschelschalen und Schneckengehäusen waren im Altertum in einigen asiatischen Ländern als Währung im Umlauf. Auf einigen Inseln im Pazifik werden die Schalen von Weichtieren, insbesondere der **Kaurischnecken**, heute noch zum Bezahlen verwendet. An einer Schnur aufgereihte Kaurischneckengehäuse entsprechen einer gut gefüllten Geldbörse.

Auf Hawaii kaufen Souvenirhändler für einige Dollar die seltenen bunten Herzmuscheln auf, die man an den Stränden finden kann.

Besonders schöne Gehäuse werden (heute auch per Internet) für drei- oder sogar vierstellige Dollarbeträge angeboten.

Schnecken als Nahrungsmittel

Die Weichkörper einiger Schneckenarten (z. B. der so genannten Meerohren), Austern oder Miesmuscheln sind in einigen Ländern seit Urzeiten wichtige Nahrungsmittel und gelten auch bei uns als Delikatesse. Auch wenn der Verzehr von Miesmuscheln, Schnecken oder rohen Austern für weitab vom Meer lebende Menschen manchmal fremdartig erscheint, in anderen Kulturen tragen diese „Meeresfrüchte" zur Versorgung mit Mineralien und Proteinen bei. Noch heute werden weltweit pro Jahr einige Millionen Tonnen an Meeresschnecken und Muscheln im Meer gefangen und in fast allen Ländern der Welt verzehrt. Feinschmecker kennen z. B. gesottene Schnecken, verschiedene Muschelgerichte, gebackene Tintenfische und Austern, die an einigen europäischen Küsten gezüchtet werden.

Dass Muscheln als ‚Meeresstaubsauger' gelten, oft mit Schadstoffen belastet sind und sehr leicht verderben, kann den Appetit verderben und ist manchem Anlass, auf eine Mahlzeit aus Meeresfrüchten zu verzichten. Interessant in diesem Zusammenhang ist ein Hinweis aus dem Alten Testament der Bibel: *„Alles im Wasser, was nicht Flossen und Schuppen hat, soll euch etwas Abscheuliches sein."* (3. Mose 11, 12). Ähnlich heißt es von den Schnecken: *„Alles, was auf dem Bauch kriecht, ... das auf der Erde wimmelt: ihr sollt sie nicht essen; denn etwas Abscheuliches sind sie."* (3. Mose 11, 42). (*Mehr zu diesem Thema in der Buchreihe ‚Gesund und fit, Band ‚Fleisch', s. Anhang.*)

Von den neun in Europa lebenden Landschneckenarten, die als essbar gelten, ist die Weinbergschnecke mit Abstand die wichtigste. Gehäuse von Weinbergschnecken wurden bereits in Siedlungen aus der Steinzeit gefunden. Auch die Römer hielten vor 2.000 Jahren Weinbergschnecken zu Speisezwecken. Um auf ihren Feldzügen durch Europa nicht auf ihre Delikatesse verzichten zu müssen, schleppten die Römer die Weinbergschnecken bis nach Großbritannien mit. Später diente die Weinbergschnecke auch als Fastenspeise, da ihr Körper gemäß den strengen kirchlichen Vorschriften nicht als Fleisch galt. Um immer frische Schnecken zur Verfügung zu haben, wurden die Tiere von Mönchen in den Klostergärten lebend gehalten, was erklären könnte, dass die Tiere angeblich heute noch um manche Klöster herum besonders häufig vorkommen.

Heute werden z. B. in Frankreich jährlich einige 10.000 Tonnen Weinbergschnecken verzehrt oder bis in die USA exportiert. Dort wird dann für etwa ein halbes Dutzend Schnecken in Feinschmeckerlokalen teuer bezahlt. Für den Verzehr von Schnecken gibt es ähnlich wie für Austern spezielle Teller und Bestecke.

Da eine Massenzucht von Schnecken recht schwierig ist, werden heute in vielen Ländern immer noch die meisten Tiere per Hand im Freiland gesammelt. Leider ist dadurch der Bestand vielerorts so stark zurückgegangen, dass man Schutzmaßnahmen einführen musste. In fast ganz Europa sind die natürlichen Bestände heute weitgehend verbraucht. Essbare Landschnecken müssen für Feinschmecker aus Afrika und dem Nahen Osten importiert werden. In exklusiven Restaurants werden bisweilen sogar die Eier als ‚Schneckenkaviar' angeboten. Die kommerzielle Zucht von Schnecken gilt als Industrie mit guten Zukunftschancen. Selbst die großen Nacktschnecken werden bisweilen als essbar empfohlen.

Für etwa 500 Dollar kann man in den USA ein komplettes Schneckenfarmset erwerben. Dieses enthält einige Hundert Zuchtschnecken, einen Käfig, Empfehlungen zur Fütterung und ein Anleitungsbuch.

Weit verbreitet in den deutschsprachigen Ländern ist außerdem der Verzehr von Nussschnecken. Dieses beliebte Hefeteiggebäck wird jedoch nur seiner Form wegen so genannt und hat mit den Weichtieren ansonsten nichts zu tun.

Schnecken in der Medizin

Als ‚Schneckensirup' wurde früher ein Extrakt aus Nacktschnecken in der Volksheilkunde bezeichnet. Er soll angeblich bei Verschleimungen von Rachen und Bronchien hilfreich sein. In einigen Regionen sammelte man am 1. Mai Schnecken, bestreute sie mit Salz und hängte sie in einem verschlossenen Glas in die Sonne. Ein aus dem Schleim gewonnenes Öl sollte später bei Insektenstichen und Wunden helfen.

Nicht zu verwechseln mit diesem tierquälerischen und absonderlichen Aberglauben sind die so genannten Schneckensäfte. Diese haben mit den Kriechtieren nichts zu tun, sondern werden aus pflanzlichen Inhaltsstoffen von Eibisch und Süßholz hergestellt.

Früher wurde aus Nacktschnecken angeblich ein Hustensaft hergestellt, indem Schnecken in Zucker eingelegt und ein paar Tage stehen gelassen wurden. Auf Bio-Messen werden bisweilen heute noch Hustensäfte auf der Basis von Schneckenschleim vorgestellt, für die jedoch laut Herstellerangaben keine Schnecken mehr getötet werden müssen. Ob solcher Schneckenschleim tatsächlich hustenlindernde Substanzen enthält oder dem Patienten allein vor Ekel, das Zeug schlucken zu müssen, der Husten vergeht, konnte noch nicht eindeutig geklärt werden.

Schnecken als Lieferanten von Medikamenten

Viele Meeresschnecken enthalten Giftstoffe. Die im Pazifischen Ozean lebende Kegelschnecke z. B. jagt mit ihrem Gift nach kleinen Fischen und Würmern, ihr Gift ist jedoch stark genug, um einen Menschen zu töten. In Japan, wo einige Schnecken als „Meeresfrüchte“ verzehrt werden, kommt es immer wieder zu Vergiftungen – ähnlich den Vergiftungen durch den Verzehr von Kugelfischen.

Biologen haben das Gift, mit dem die Kegelschnecke ihre Beute lähmt, untersucht und herausgefunden, dass ein Bestandteil dieses Giftes, das so genannte Omega-Conotoxin auch beim Menschen wirksam ist. Die Substanz hemmt die Übertragung von Schmerzsignalen aus Haut oder Muskeln an das Gehirn und schaltet somit die Schmerzempfindung aus. Dieser Giftstoff der Kegelschnecken wird mittlerweile in der Schmerztherapie bei solchen Patienten eingesetzt, wo selbst Morphium nicht mehr hilft. Da der Giftstoff der Kegelschnecken besser wirkt als Morphium ohne süchtig zu machen und außerdem in Versuchen mit Ratten die Wundheilung fördert, wird dieser Substanz in der Medizin eine große Zukunft in der Behandlung chronischer Schmerzen, etwa bei Krebs, Arthritis oder Aids, prophezeit.

Purpur

Purpur ist ursprünglich ein violettes Farbgemisch, welches aus dem Saft von Purpurschnecken und Stachelschnecken gewonnen wurde. Der Purpurfarbstoff ist Bestandteil eines zunächst gelblichen Schleims, den die Schnecken aus einer Drüse absondern. Im Licht ändert der Farbstoff seine Farbe und wird scharlachrot (purpurn). Zur Gewinnung des Purpurs wurden die Drüsen der Schnecken gekocht und der Farbstoff mit Alkohol (früher auch Urin) ausgezogen. Die gewonnen Mengen sind jedoch äußerst gering, für ein Gramm Purpur benötigt man etwa 8.000 Schnecken. Daher war Purpur sehr wertvoll und teurer als Gold.

> Purpur, der teuerste Farbstoff der Welt,
> kostet über 2.000 Euro pro Gramm.

Bereits im Altertum wurde Purpur zum Färben verwendet. Weil der Farbstoff so selten war, wurden mit Purpur gefärbte Stoffe zum Symbol von Macht und Würde. Ihre Verwendung war lange Zeit den höheren Ständen vorbehalten, insbesondere die Gewänder gekrönter Häupter waren oft mit Purpur gefärbt. Für einen einzigen Purpurmantel mussten angeblich bis zu 40.000 Schnecken sterben.

Viele Bibelstellen belegen die Bedeutung des Purpur für religiöse und kultische Zwecke, auch die Könige Israels trugen Purpur. Vor diesem Hintergrund ist die von den Evangelisten Matthäus und Johannes geschilderte Passionsszene zu verstehen, wo Soldaten des Pilatus dem verurteilten Jesus einen Purpurmantel (bzw. ein Purpurkleid) umhängen, um ihn damit zu verspotten. Später wurde der Purpurmantel das Abzeichen des Kaisers von Rom. Wer zur Zeit Neros außer dem Kaiser selbst wagte, Purpur zu tragen, wurde mit dem Tod bestraft.

Seit 1468 gilt in der Katholischen Kirche Purpur als die offizielle Kleiderfarbe der Kardinäle. Heutige Kardinalsgewänder werden jedoch nicht mehr mit dem Farbstoff der Purpurschnecken gefärbt. Echter Purpur wird nur noch für ganz bestimmte Zwecke (z. B. Restaurierung historischer Stoffe) verwendet.

Meeresseide: Beim Thema Weichtiere und Bekleidung ist eine Kuriosität zu erwähnen: Aus den Fäden einer bestimmten Muschelart des Mittelmeers spinnt man auf Sardinien einen ganz besonderen Stoff, die „silk de la mer" (Seide des Meeres). Aus ihr wurden im Mittelalter z. B. wertvolle Handschuhe für reiche Adelige gewoben.

Spiralform als Konstruktionsprinzip

Die besondere Form des Schneckengehäuses stand als naturgegebene Urform der Spirale Modell für viele technische Entwicklungen und wurde Namensgeber vieler Bezeichnungen aus den unterschiedlichsten Bereichen der menschlichen Kulturgeschichte. Hier einige Beispiele:

Architektur: Bereits in der griechischen Baukunst findet sich ein schneckenförmig eingerolltes Steinband (**Volute**) oben an einer ionischen Säule. Als Konche oder **Koncha** (von griech. *konche* bzw. lat. *concha* = Muschel) werden im Grundriss halbrunde Nischen bezeichnet, manchmal auch die halbrunde Apsis, die Altarnische in Kirchenbauten. Muscheln wurden später als Wandschmuck in Muschelgalerien verwendet, auch Muschelintarsien waren zeitweise sehr beliebt. Als Muschelwerk (**Rocaille**) bezeichnet man die in Stuck und Malerei des Rokoko so beliebten asymmetrischen schnörkelartigen Verzierungen. Damit haben Weichtiere einer ganzen kunstgeschichtlichen Epoche ihren Namen gegeben und die Ornamentik des Rokoko entscheidend geprägt.

Musik: Meeresschnecken wurden bereits in der Steinzeit als Signalhorn verwendet. Bekannt ist auch das Tritonshorn der Römer. Das bis zu 40 Zentimeter große Gehäuse der Tritonschnecke wurde an der Spitze mit einem Loch versehen und erzeugt beim Durchblasen einen charakteristischen angenehmen Klang. Mit Schnecke wird außerdem ein Teil des Wirbelkastens einiger Streichinstrumente (Geige, Cello, Kontrabass) bezeichnet.

Technik: Schnecken dienen als **Förderschnecken** zum Transport von Schüttgut. Durch Drehung einer ‚endlosen' Schraube, die in einen Zylinder eingeschnitten ist, wird Sand, Getreide, Mehl oder anderes Material bewegt. In ähnlicher Weise wird in einem **Schneckengetriebe** ein in die Schnecke eingreifendes Zahnrad angetrieben. Das Vorbild der **Drillbohrer** sind die Mundwerkzeuge von Raubschnecken.

Anatomie: In der Anatomie bezeichnet Schnecke einen Teil des Hörorgans im Innenohr. Auch die Muschel ist beim Ohr nicht weit.

Lebensmittel: Die Nussschnecke ist ein aus Österreich stammendes Gebäck aus Hefeteig. Der Teig wird dabei spiralig aufgerollt. Zu den Schnecken in der Nahrungsmittelbranche gehören auch die in ähnlicher Weise hergestellten Bratwurstschnecken sowie die beliebten Lakritzschnecken.

Kuriositäten

Ökonomie: Symbol des durch Tankstellen bekannten Unternehmens Shell ist eine Muschel. Einer der Konzerngründer hatte zuvor mit Muscheln gehandelt und eine stilisierte Muschelschale als Markenzeichen gewählt.

Postwesen: Die Schnecke gilt als Symbol für Langsamkeit. Seit der Schriftsteller Ludwig Börne im Jahre 1821 die Langsamkeit der Wagen der Thurn- und Taxisschen Postlinie in seiner ‚*Monographie der deutschen Postschnecke*' verhöhnte, wird eine allzu gemächliche Beförderung von Gütern oder Nachrichten bis heute noch eine **Schneckenpost** genannt.

Langsamkeit: Inwiefern die von einigen Mitbürgern im Sommerurlaub auf Campingplätzen verbreitete Wohnwagenkultur letztlich von den Gehäuseschnecken abgeschaut wurde, die ja ebenfalls ihr Zuhause ständig mitführen, konnte die Wissenschaft noch nicht klären. Wenn man sich das *Schnecken*-Tempo anschaut, in dem der sommerliche Reiseverkehr oftmals über unsere Autobahnen *kriecht*, sind gewisse Parallelen zur Welt der Gartenschnecken jedenfalls nicht zu übersehen.

Sprache: „*Süßer Schneck*" gilt manchen gar als Kosewort. „*Sich ins Schneckenhaus zurückziehen*" und „*jemanden zur Schnecke machen*" sind oft gehörte Redewendungen. Es erscheint allerdings fraglich, ob ein Mitarbeiter schneller arbeitet, nachdem er vom Vorgesetzten „*zur Schnecke gemacht*" wurde.

Wussten Sie, dass der amerikanische Schriftsteller Edgar Allan Poe zuerst ein wissenschaftliches Schneckenbuch verfasste, bevor er als Gruselautor Weltruhm erlangte?

Kennen Sie einen Zungenbrecher mit Schnecken? Versuchen Sie, drei mal schnell hintereinander und ohne abzusetzen folgenden Satz aufzusagen: Schnecken erschrecken, wenn Schnecken an Schnecken schlecken, weil zum Schrecken vieler Schnecken, Schnecken nicht schmecken.

Porzellan: Kaum jemand weiß, dass das wertvolle Geschirr seinen Namen von Schnecken erhalten hat. In Grzimeks Tierleben heißt es dazu: „*Als Marco Polo gegen Ende des 13. Jahrhunderts das erste chinesische Porzellan mit nach Europa brachte, fiel seinen Landsleuten die Ähnlichkeit mit den ihnen vertrauten und von ihnen ‚porcelletta' oder ‚porcellana' genannten Schneckenschalen auf, und sie übertrugen diesen Namen.*"

Sport: Obwohl das **Schneckentempo** eine eher gemächliche Arbeitsweise oder Fortbewegung bezeichnet, werden in Spanien Schneckenrennen veranstaltet. Auch in Großbritannien können Touristen bei Schneckenrennen zuschauen. Der Rekord für die 13 inches (ca. 33 cm) lange Rennstrecke in Congham (Grafschaft Norfolk) liegt bei 2 Minuten.

Schnecken im Weltraum: Was ein amerikanischer Science-Fiction-Autor 1951 vorwegnahm, wurde gut 50 Jahre später Wirklichkeit und Schnecken fliegen tatsächlich durchs All. Doch während in dem Roman mit dem deutschen Titel ‚*Weltraum-Mollusken erobern die Erde*' die Menschheit von schneckenähnlichen Wesen aus dem All angefallen und kontrolliert wird, sind es heute Wissenschaftler, die Schnecken für Forschungszwecke mit ins All nehmen.

> Es dürfte nicht viele Tierarten geben, die sowohl von Amerikanern wie Russen wie Chinesen mit auf Weltraumflüge genommen wurden.

Wasserschnecken (mit Fischen zusammen in einem Mini-Aquarium) flogen 1988 mit dem amerikanischen Space Shuttle, auch das im Jahr 2000 gestartete zweite Weltraumfahrzeug Chinas hatte Schnecken an Bord und zuletzt starteten im März 2005 fünfzig lebende russische Weinbergschnecken vom Weltraumbahnhof Baikonur in Kasachstan zur Raumstation ISS. Schnecken gelten als geeignete Versuchstiere für Experimente, mit denen Wissenschaftler neue Erkenntnisse über die Schwerelosigkeit gewinnen wollen.

Schnecken mit Solarenergie: Die Menschheit verbraucht derzeit „weltweit an einem Tag etwa so viel Kohle, Gas, Öl und Benzin wie die Natur in 500.000 Tagen geschaffen hat", so der Journalist Franz Alt, früherer Leiter des TV-Magazins ARD-Report. Was wir erst allmählich begreifen und uns technisch zunutze machen, nämlich die Energie von Sonne, Wind, Geothermie (Erdwärme) oder Biogas zu nutzen, ist für bestimmte Schneckenarten längst selbstverständlich. Einige im Meer lebende Wasserschnecken aus der Überordnung der Hinterkiemer fressen Algen und „klauen" ihnen die Chloroplasten. In den Chloroplasten findet Photosynthese statt, die Umwandlung des Sonnenlichtes in verwertbare biochemische Energie. Mit den gestohlenen Chloroplasten besitzen die Schnecken gewissermaßen einen Solarantrieb.

> Mit ihrem Solarantrieb sind einige Schneckenarten der Automobilindustrie weit voraus, wenn auch nicht in Punkto Geschwindigkeit.

Diese Eigenheit der Wasserschnecken, gefressene Tiere oder Pflanzen nicht nur zu verdauen, sondern einzelne Bestandteile selber weiter zu nutzen, bezieht sich nicht nur auf Chloroplasten. Andere Hinterkiemer-Schnecken fressen Moostierchen, Nesseltierchen oder Schwämme, sogar Borstenwürmer und kleine Krebse. Durch die gefressenen Nesselzellen z. B. schützen sich die Schnecken davor, selber gefressen zu werden. Weitere Arten wiederum sind in der Lage, die Farbstoffe der von ihnen gefressenen Organismen zu nutzen und zur eigenen Tarnung einzulagern.

Die Hinterkiemer-Schnecken werde auch als „Schmetterlinge der Meere“ bezeichnet, da viele Arten wunderschön anzuschauen sind, mit einer vielfältigen Farbenpracht beeindrucken und unseren bodenkriechenden Gartenschädlingen so gar nicht ähnlich sehen.

Schnecken als Surfer: Die Veilchenschnecken tropischer Meere sind in der Lage, Schaumflöße herzustellen, mit denen sie auf dem Ozean schweben. Dazu bringen sie ihre Fußunterseite an die Wasseroberfläche, dellen sie unter gleichzeitiger Schleimproduktion ein, biegen die Fußränder weiter nach oben und tauchen dann den Fuß samt nun eingeschlossener Luftblase ins Wasser. Die so gebildeten Mini-Luftballons klebt die Schnecke in spiralig angeordneten Mustern aneinander und bildet damit ein Schaumfloß.

Dieses wunderbar weiche Surfbrett dient der Schnecke nicht nur zur Fortbewegung, sondern auch als Brutkammer für die Schneckeneier. Eine ähnliche Verwendung von Schleim kennen wir als so genannten Kuckucksspeichel, die weißen Schaumflocken, die man im Mai/Juni an Grashalmen in lichten Wäldern findet. Mit dem Kuckuck haben diese Schaumgebilde allerdings nichts zu tun, sie sind die Kinderstube der Schaumzikade, eines kleinen Insekts.

Schnecken als Gärtner: Was bisher nur von einigen Insektenarten bekannt war, haben Biologen 2003 erstmals auch für Schnecken beobachtet: Die Tiere betreiben eine Pilzzucht und legen dazu eigene Pilzgärten an. Eine in Nordamerika heimische Strandschnecke knabbert an Gräsern und hinterlässt an den Fraßstellen ihren Kot. Damit finden Pilze ideale Wachstumsbedingungen, die dann wiederum später von der Schnecke abgeweidet werden.

Schnecken im Gartenteich: Viele stolze Besitzer eines Gartenteiches haben ein Problem mit übermäßigem Algenwuchs. Hat das Wasser zu viele Nährstoffe und zu wenig Sauerstoff, überwuchern Algenrasen, Algenpolster und Algenfäden Steine und Wasserpflanzen. Was der Aquarianer schon lange kennt, gilt auch im größeren

Maßstab: Zur Algenbekämpfung eignen sich einige Arten von Wasserschnecken. Posthorn-, Teller- oder Sumpfdeckelschnecken raspeln Algen von jedwedem Untergrund und vertilgen nebenbei auch abgestorbene Reste von Pflanzen oder Tieren. Im gut sortierten Zoo- und Teichfachhandel sind geeignete Arten erhältlich.

Gelassenheit als Lebensart

Als Gegen-Symbol von Hektik und Eile ist die Schnecke immer wieder anzutreffen. Um nur ein Beispiel zu nennen: Der Verein „Slow Food Deutschland“ ist Teil einer internationalen Bewegung, die sich kritisch mit der rasanten Beschleunigung unseres Alltags auseinander setzt. Slow Food, also langsames Essen, setzt bei Tisch an, wo statt Fast Food, einem international vereinheitlichten Schnellimbiss, Werte wie Gemütlichkeit, Genuss und die Vielfalt des Geschmacks regionaler Küchen hochgehalten werden. Das Symbol dieser Bewegung ist eine kleine Schnecke.

Nachwort

Bei aller berechtigten Bekämpfung einiger weniger Arten im Garten hat dieses Buch zu zeigen versucht, dass Schnecken faszinierende Lebewesen sind, die eine wichtige ökologische Rolle im Naturhaushalt spielen. Die Lebensweise von Weichtieren ist hochinteressant und insbesondere ihre oft wunderhübschen Schalen haben auf mannigfaltige Weise Eingang in die Kulturgeschichte gefunden.

Es gab und gibt auch immer wieder Menschen, die sich gerade für diese gering geschätzte und häufig gehasste Tiergruppe interessieren. Zu diesen Hobby-Malokologen (Schneckenforscher) gehörte – was kaum jemand weiß – auch Hermann Löns, der bekannte Heimatdichter der Lüneburger Heide. Von ihm gibt es eine nette Anekdote, wie er einmal bei der Fütterung im Zoo in Münster aushalf und sich wunderte, dass einige seiner Schützlinge die als Futter gedachten Wegschnecken verschmähten. Als *„Jünger der strengen Wissenschaft“* wie sich Löns nicht ohne Selbstironie beschreibt, ging er der Sache auf den Grund, strich *„mit dem Zeigefinger über eine Schnecke und kostete ein wenig von dem Schleime."* Darauf, so Löns, brauchte er einen Kognak, dann einen Schnaps und noch einen zweiten und schreibt dann weiter: *„Drittens verlor ich für drei Tage den Appetit und viertens die Zuneigung eines jungen Mädchens, dem ich in meiner unglaublichen Torheit von meinem Versuche Mitteilung machte."* (Zitate aus Beckmann, K.-H.: Hermann Löns, ein bedeutender westfälischer Malakologe)

Eine so weit gehende wissenschaftliche Neugier, die Schnecken zu streicheln und vom Schleim zu kosten, ist sicher nicht jedermanns Sache. Dennoch sollte man sich im Klaren sein, dass das massenhafte Auftreten von Schnecken nicht an einer Bösartigkeit dieser Tiere liegt, sondern in den meisten Fällen mit Störungen natürlicher Gleichgewichte durch den Menschen zusammenhängt Wir sollten aufpassen, dass das Feindbild gegenüber einigen gefräßigen Nacktschnecken nicht auf die Schnecken und andere Weichtiere insgesamt übergreift. Nur etwa ein Dutzend von Hunderten von Schneckenarten in Europa können Schäden anrichten. Auch wenn einzelne Arten bei massenhaftem Auftreten bekämpft werden müssen, so kann das Ziel immer nur die Beschränkung auf ein erträgliches Maß sein und niemals eine völlige Ausrottung bestimmter Schneckenarten. Niemand kann auch nur annähernd vorhersagen, welche Auswirkungen die Vernichtung einer Art längerfristig haben würde, auch wenn es sich nur um eine vermeintlich unbedeutende, hässliche und lästige Nacktschnecke handelt. Eine Minderung der natürlichen Vielfalt des Lebens ist immer ein Verlust und wird sich letztlich kaum zum Nutzen des Menschen auswirken.

Zum Nach-Denken

Die Schnecken sind ein Bestandteil unserer Umwelt und der uns umgebenden Natur. Auch wenn sie von den meisten Menschen als ekelerregende, schleimige Wesen missachtet und von Gärtnern und Landwirten wegen ihrer Gefräßigkeit gehasst und verfolgt werden, gehören sie doch in einen großen natürlichen Gesamtzusammenhang.

Schnecken stehen für Ruhe und Gelassenheit und machen grundsätzlich keinen Lärm. Ein wenig ‚Schneckentempo' würde auch dem einen oder anderen allzu hektischen und nervösen Zeitgenossen gut tun. Bei aller Hektik des Alltags kann uns das Verhalten der Tiere Mahnung und Vorbild sein.

Nach christlicher Auffassung erinnern uns die Schäden durch Nacktschnecken ständig an die durch die Sünde in Mitleidenschaft gezogene Schöpfung, an den Fluch, der seit dem Sündenfall auf der gesamten Natur liegt. Man spürt hier etwas von der Tragweite des göttlichen Wortes aus 1. Mose 3, 17-18: „*... so sei der Ackerboden verflucht um deinetwillen; mit Mühsal sollst du davon essen alle Tage deines Lebens, Disteln und Dornen wird er dir sprossen.*" In den Zusammenhang der Mühsal des Ackerbaus darf man zu den genannten Disteln und Dornen sicher auch die Schnecken rechnen. Verfluchtsein heißt ganz einfach: Gott zieht sich zurück. Und überall, wo Gott sich wegen der Sünde zurückzieht, fehlt der Segen Gottes. Wo aber der Segen Gottes fehlt, haben wir immer Ärger und Probleme.

Nicht nur bei den Schnecken, sondern bei all den anderen Umweltproblemen mit denen wir täglich zu kämpfen haben, wird deutlich, dass der Mensch selbst auch zur gefallenen Schöpfung gehört und nicht der Herr aller Dinge ist, obwohl er es so gern sein möchte. Deshalb werden wir auch weiterhin unsere Probleme mit den Schnecken haben. Aus dieser Perspektive verstehen wir auch die Worte aus Römer 8, 18-24: „*... dass die ganze Schöpfung gemeinsam leidet und auf Erlösung wartet.*" Erst wenn sich diese biblische Verheißung erfüllt hat, werden alle unsere Umweltprobleme ein endgültiges Ende gefunden haben.

Sachverzeichnis

Verzeichnis der Fotos und Abbildungen

Bezugsquellen für Schneckenzäune

Ing. G. Beckmann KG
Simoniusstr. 10
D-88239 Wangen
Tel.: 07522 9745 - 0
Fax: 07522 9745 - 150
Internet: www.beckmann-kg.de

Dipl.-Ing. Nicola Krämer
Gustav-Adolf-Str. 11
D-30167 Hannover
Tel.: 0511 71 70 54
Fax: 0511 71 70 83
Internet: www.schneckenzaun.com

Informationen zu Laufenten

Sonderverein der Laufentenzüchter Deutschlands
1. Vorsitzender: Markus Kollhoff
Adenauer Ring 63
D-49393 Lohne
Tel.: 04442 72574
Fax: 04442 808355
Internet: www.laufenten-sv.de